灵动教育 思创作业

小学思维培育的作业改革探索与实践

赵蔚秋 著

上海科技教育出版社

图书在版编目(CIP)数据

灵动教育　思创作业：小学思维培育的作业改革探索与实践 / 赵蔚秋著. -- 上海：上海科技教育出版社，2024. 12. -- ISBN 978-7-5428-8312-4

Ⅰ. G622. 46

中国国家版本馆 CIP 数据核字第 2024A8A293 号

责任编辑　谢晓英
封面设计　符　劼

灵动教育　思创作业
小学思维培育的作业改革探索与实践
赵蔚秋　著

出版发行　上海科技教育出版社有限公司
（上海市闵行区号景路 159 弄 A 座 8 楼　邮政编码 201101）
网　　址　www.sste.com　www.ewen.co
经　　销　各地新华书店
印　　刷　常熟市华顺印刷有限公司
开　　本　787×1092　1/16
印　　张　12.5
版　　次　2024 年 12 月第 1 版
印　　次　2024 年 12 月第 1 次印刷
书　　号　ISBN 978－7－5428－8312－4/G・4980
定　　价　58.00 元

序　言

灵动的教育，灵动的人

灵动教育，灵在禀赋，动在成长。

2023年，教育部在《基础教育课程教学改革深化行动方案》所列重点任务的阐释中明确指出，课程教学的改革要"坚持因地制宜'一地一计'、因校制宜'一校一策'，把国家统一制定的育人'蓝图'细化为地方和学校的育人'施工图'"。

在上海市静安区闸北第二中心小学（以下简称闸北二中心），我们欣喜地看到这张"施工图"因校制宜地"变"成"灵动的教育""思创型作业"。无论是灵动教育，还是思创作业，都是学校以人为本、以儿童为中心的办学宗旨的彰显。闸北二中心20年矢志不渝的探索、10年精致迭代的聚焦，在课程教学领域形成自己的特色、路线与经验。

"灵动教育"的"灵动"二字源于"自主"，源于学校对学生和教师自主成长的支持，与多元化支持策略的研究与实践。以丰富、适切的课程让学习灵动，则能激发学生的智慧与探究精神，以积极、推动的制度让管理灵动，则能引领教师的深度参与和成长。"灵动教育"并非一点一面的"灵动"，而是一种立体系统的"灵动"，是教育明心、见性、致深远。

在基础教育"教与学"的双向经历之中，作业往往看似最寻常实则最难下功夫的一个环节。当教育以知识的输入为目标，作业就很难摆脱和甩掉千生一面、宁多毋少的困境与包袱。只有当教育看到每一个学生的不同，他们的学习经历也有所不同，才能将作业真正视作学习过程中的有效站点，成为学生学习过程中的触发点、收获点、挑战点与激励点。

在闸北二中心，"思创作业"顾名思义，并非考核孩子之记忆、速成或是重复之效，而是为学生的思维品质、创造能力、品格塑造等多方面素养的形成而设计，因此呈现出单元类、主题类、游戏式、表达类、跨学科等多样的作业类型，而在丰富多样的作业背后，一以贯之的是对学情的深度分析、对学习方法论的不断研究、对科学教学法的灵动匹配与实践，以及对育人目标的深刻理解与追寻。

有关作业的变革看起来道理是简单的，但行动起来并非一蹴而就。作业的变革首先需要学校形成共识性的价值观，进而形成学校管理者与教师们的群策之力，最后才有可能转化成多样化的作业形式。而这种转变，尽管最终体现为“作业”这个链环的变化，但实际上没有课程、教学、制度的联动转变是不能成功的。所谓“牵一发而动全身”，反而观之，“全身之变”亦融合于这“一发”之中。

作业之变，是教育之眼从知识单元转移到活泼的思维发展与创新；而教育之变，则是支持多样化的人才灵动生长，以教育的生态推动人才的生态不断枝繁叶茂，推动中国式现代化的进程创新发展。

以灵动之心，见灵动之人，以灵动教育，育灵动之才。

上海市教育科学研究院研究员　胡庆芳博士

目录

第一章

使命与追求：
共赴一场灵动教育的约会

导　言

灵动教育从儿童视角出发，通过灵动的空间、课程、管理，培养“聪明有活力，创新有个性”的学生。

上海市静安区闸北第二中心小学与“灵动教育”之间的缘分，如同一场美丽的邂逅，源于特色学校创建，发展于自主教育探索，清晰于日复一日、日新日进的教育教学活动之中。

灵动教育中的作业改革探索与实践，牵一发而动全身，从中可窥见学校20年的办学历程，从思维的种子，到成果的辐射，再到灵动的思创，一切都是有迹可循的。

第一节　灵动教育的十年演变

上海市静安区闸北第二中心小学创建于2003年7月，原为上海市闸北区第二中心小学，2016年更名。它坐落于环境优美、书香浓郁的原平路社区文化一条街，紧邻上海市新中高级中学、上海行健职业学院，是静安区现代教育园区的重要组成部分。

在学校的教学楼上方，一对红色的翅膀腾空飞翔，这座雕塑名为“灵动”，象征着身心健康发展、内外生态平衡的育人愿景，体现了追求自然和谐之美的办学愿景。

一、灵动教育的发展历程

学校灵动教育探索，主要集中在2013—2022年这10年间，根据时间脉络具体可以划分为3个阶段。

（一）萌芽阶段（2013—2015年）：特色创建的教育思考

高质量教育要求创建特色学校，注重教育内涵发展。学校文化传统、资源优势、生源状况、教师整体素质等都是特色学校的定位需考虑的因素。我校在创建学校特色时，恰逢办学的第一个十年，学校学科建设达到了较为均衡优质的水准。

学校秉着“为学生的成长需求服务，让学校成为家园、学园、乐园”的办学理念，提出了“自主教育”的特色创建想法。2013年至2015年，学校通过构架德育综合实践活动课程“成长日记”、实施市级课题“小学课堂即时记录系统”，探索造就具备适应时代发展的具有良好综合素养、有竞争力的人，继而确定了育人目标与校风等校园文化体系（详见本章第二节）。

（二）发展阶段（2016—2021年）：在课题研究中聚焦灵动内涵

2016年，学校通过“个体独立性视域下的E时代自主教育实践研究”这一课题，将信息技术与学科教学整合，为学生的多样化学习创造环境，倡导“人人都是德育工作者”的大德育理念，以志愿者队伍建设为抓手，打造学校“自主教育”德育品牌。在课题的研究中使信息技术真正成为学校师生认知、探究和解决问题的工具，培养学生独立自主的核心素养。

学校构建的自主教育，是教育学生能适应社会需要、自主学习、自主健体、自主管理的意识与能力，让学生成为校园的小主人，健康快乐地学习、成长。同时，学校又逐步将“自主教育”的研究深入教育教学之中，在之后的5年陆续开展了一系列市级、区级课题研究。

“灵动”首次出现在课题研究中，源于学校在创建自主特色办学思考中，灵活地选择了触动教师和学生成长的方法策略，侧重培养学生灵敏的思维、高尚的品格。至此，“灵动教育”在学校生根发芽。

（三）成熟阶段（2022—2023年）：完善顶层设计，诠释灵动文化

2021年，“双减”政策和《中华人民共和国家庭教育促进法》等出台，促使学校走上一条

轻负高效的发展之路，为实施灵动教育提供了先决条件。而“灵动”文化则顺应了教育形势，回应了素质教育的真实需求。

灵动教育主张，要办真正触动学生心灵，能激发他们灵动之气的教育。学校在灵动教育下秉承“适度管理”原则，努力为教师搭建和谐的育人环境与学术氛围。灵动教育帮助学校构建了“二次方”课程体系，以丰富多彩的课程，启迪学生智慧，活跃学生思维，打造有魅力、有勤力、有动力、有实力的“四力”团队。

学校紧紧围绕“灵动文化”，深入学校治理的各个板块之中，使“灵动教育”不断深化。

二、灵动教育的探索沿革

我们认为，教育需在“动中发展，动中求变”。“灵动”一词在学校特色发展中赋予新的内涵：聪明有活力，创新有个性。由此产生了对所培养的学生的愿景：要自信、要大气、要好奇、要梦想，会欣赏、会发现、会琢磨、会创造。我们围绕育人愿景展开了一系列的活动，如“百变学科行”校本课程建设项目，历时3年，开发了“灵韵小舞台”“即兴大挑战”“悦动乐思维”等校本特色课程，构架了1.0版本的“灵动学院”课程体系框架。

学界对“灵动教育”的研究方向很多，我校的研究则贯彻“对称平衡”的哲学思想。在“灵动学院”1.0课程体系的基础上，学校提出“灵动展翼 能量无限”的2.0课程体系目标。学校课程的宗旨在让每名学生拥有丰满的双翼，展翅高飞实现梦想，寓意学校课程注重学生素养的均衡发展，具体包括：

德才兼备：品德高尚、才能优异。

文理兼具：文科(人文)素养、理科(科学)素养。

内外兼修：情趣高雅、举止优雅。

知行合一：以知促行、以行促知。

能量无限：指学校通过不断更新、迭代发展的课程，引领教师的课堂教学变革，为学生的成长源源不断地赋能，成就学生发展的无限可能。

教师通过丰富多样的课程为学生成长赋能，促进学生全面、个性地发展。

学生的反馈形成课程评价引发教师的反思，教师将实践反思反作用于课程的改进和优化。

灵动显现出无限的能量，在学校的课程、教师和学生这三个主体间相互影响。

三、灵动教育的实践经验

通过20年的研究探索，我们总结了灵动教育对促进办学的作用。

(一) 灵动空间，提升学习兴趣

校园文化是落实办学理念的生态场。校园文化建设须力求做到“以物质文化承载办学理念”。学校于2018年对校园设施进行了改造升级，力求让每一个场所、每一个角落蕴含“灵动”文化元素。

“灵动”雕塑，诠释着我校的办学哲学；“神秘深林”图书馆，是引领灵动少年成长的“中枢神经”，更是学校发挥育人功能的“最强大脑”；露天花园开辟劳动教育阵地，意喻书香润泽，向阳而生；“海洋世界”模拟海底真实生态，激发学生科学探索的兴趣。

（二）灵动课程，创设丰富体验

学校的课程始终在发生和发展着。目前，我们的“灵动”课程体系已经发展到“灵动二次方”的 3.0 版本，二次方代表课程与课程间不是简单的加法关系，它可以实现跨学科、跨场域，凝聚育人合力。学校课程以灵动少年为培养目标，横向学科交叉融合，纵向打通年段，围绕学生综合素养发展的主轴，创新育人方式，加强实践能力培养，为学生的发展赋能。

“灵动二次方”课程为学生创设丰富多样的学习体验，使学生具备“适应未来社会发展所需的必备品格和关键能力”。通过丰富多样的课程培育学生综合素养，挖掘潜能，发展个性。

（三）灵动管理，激发教师活力

灵动教育追求“适度管理”，灵活而适度，严松有度，为教师搭建和谐的育人环境及学术氛围。

灵动管理策略可以概括为“四变”：自我规划与民主规划相结合，变“推”为“引”；强化原生态评价，变“检查”为“引导”；放下架子，变“监督”为“服务”；推进教育信息化，变“传统”为“现代”。

第二节　灵动教育的内涵演绎

程朱理学认为："天地万物之理，无独必有对，皆自然而然，非有安排也"。对称关系为宇宙最深层本质，对称规律为社会最根本规律。我校推行的灵动教育，是对称哲学范式的体现，表现为教师与学生、教育与教学、教法与学法、思想与行为、校内和校外等一切发生在办学过程中的关系的平衡。

一、校园文化蕴含育人哲学

一个系统核心的质能决定着这个系统的结构和性质。灵动教育的理念犹如一个系统的"核心结构"，由核心触发的质能，则围绕着核心结构做旋转运动。厘清系统内事物的关系与内涵，对"灵动教育"的建设起到决定性的作用。

（一）校训：插上灵动的翅膀 用行动实现梦想

校训寓意学生在成长中，能拥有一双独立超越、自由的翅膀，能够追寻目标克服困难，到达一个任由心灵翱翔的世界。

（二）校风：崇礼敦行 慎思慧动

上阕和下阕各四字，呈现了"对称平衡"的哲学。

崇礼：尊崇礼仪、对他人尊重且以礼相待。

敦行：为学者不光要志存高远，还要身体力行，在实践中展现自己的知识与品格，做到知行合一。

崇礼和敦行，体现规则意识与创新精神的相辅相成。

慎思：在复杂形势中保持清醒头脑的意识与态度，既是学习态度和方法，也是解决问题的能力。

慧动：通过积极的行动，才能抓住发展的机遇，战胜各种困难，实现目标和理想。

慎思和慧动，体现在策略谋划扶持下的行动的有效性。

二、核心素养导向育人理念

2016 年《中国学生发展核心素养》发布，2017 年《关于深化教育体制机制改革的意见》出台，2022 年新版课程方案和课程标准都对发展学生核心素养提出明确要求。核心素养勾勒了新时代人才应该具有的形象，由此来规约学校的育人目标、办学方式、课程设置、教学方法及评价等。

（一）育人目标：培养"四格"齐辉的灵动少年

学校致力于培养体格强壮、性格开朗、品格坚毅、人格独立的灵动少年（见表 1-1）。

表 1-1　“四格”齐辉对应标准

育人目标	对应领域	关键要素：四有	具体表现：四会
体格强壮	心理健康　身体健康	有自信	会合作
性格开朗	社会交往　创新实践	有教养	会创新
品格坚毅	品德修养　责任担当	有担当	会坚持
人格独立	学习品质　问题解决	有智慧	会学习

以“四格”归纳育人目标，同样是追求对称平衡哲学的体现，有“规格”，方能成就“品质”，从规格出发，到品质呈现，灵动课程体系是学校办学理念下，培育灵动少年的实践平台。

（二）教风：“四力”聚合“四立”共生

学校以四个“力”和四个“立”来诠释对教师发展的期望。

“四力”聚合：魅力、勤力、动力、实力

“四立”共生：立言、立行、立德、立业

“魅力”和“勤力”是成为人师的决定性条件，是德行学问等各方面能为人表率的教师，其自身魅力和勤勉治学的态度，给予学生潜移默化、终身受益的感化。“动力”和“实力”是成为经师的决定性条件，注重学术研究和知识的传授，其严谨、严肃地对待教育教学工作，其才和学引领学生学业进步、勇攀高峰。

人师以育人为己任，将“立言、立行”作为自己的追求是规则意识的专业体现；经师以教学为己任，将“立德、立业”作为自己的追求，“德与业”体现了教师深厚学识，是创新精神的不懈追求（见表 1-2）。

表 1-2　灵动教师成长目标与“四力”“四立”的联系

<table>
<tr><th>能力领域</th><th>目标</th><th>具体表现</th><th>在“四力”与“四立”中的体现</th></tr>
<tr><td rowspan="3">教育能力领域</td><td rowspan="3">成为育人的专业人员</td><td>1. 了解学生的生活文化背景，在学校环境下促进学生个体的发展</td><td rowspan="3">魅力　勤力
立言　立行　立德</td></tr>
<tr><td>2. 向学生传授一定的人生准则与价值观，帮助学生形成自主判断和自主行为能力</td></tr>
<tr><td>3. 能把握在学校中解决困难与冲突的出发点</td></tr>
<tr><td rowspan="3">教学能力领域</td><td rowspan="3">成为教学的专业人员</td><td>1. 会设计在专业理论与实践上都合理的教学，并且能客观正确地加以实施</td><td rowspan="3">勤力　实力
立行　立业</td></tr>
<tr><td>2. 通过创设学习情境支持学生学习活动，激励学生学习，使学生认识到所学内容之间的联系并加以应用</td></tr>
<tr><td>3. 能够促进学生自主作业与自主学习</td></tr>
</table>

（续表）

能力领域	目标	具体表现	在“四力”与“四立”中的体现
评价能力领域	合理、负责地对学生进行评价	1. 诊断学生的学习条件与学习过程，从而有目的地鼓励学生，并为学生及家长提供咨询	魅力　实力 立言　立行
		2. 发挥评价的积极作用，有效引导学生发现问题与改进问题	
创新能力领域	不断提升自我开发的能力	1. 意识到教师职业的特殊要求，理解职业所特有的责任与义务	动力　实力 立业
		2. 认识到自身职业有终身学习任务	
		3. 参与学校项目与计划的制订和实施	
		4. 积极开展团队研修或个人研修	

“四力聚合 四立共生”鼓励每一位教师的师德为先，确定事业目标，勇于追求有所成就，是追求知行合一，展现知识与品格的实践。

三、课程设计赋能创新培养

我们常说要让学生在创造中学习，在合作中学习，其实本质就是要实现实践育人，让学生在做中学、用中学、创中学。

（一）校本课程：个性发展 学以致用

学校校本课程具体如表 1-3 所示。

表 1-3　个性化课程类别

课程类别	包含板块
成长乐园	成长历程　心动家园
学思雅苑	语言发展　艺术润心
科创星球	数理思维　智慧创想
实践天地	科学探索　心理健康

成长乐园：成长历程板块涵盖学生入学适应、目标制订、生涯规划等课程内容；心动家园板块涵盖家校共育、社区共建课程，为学生打造温馨、和谐、开放的学习空间，构建家校社育人共同体。

学思雅苑：语言发展板块注重学生语言思维和语言运用能力的培养；艺术润心注重学

生审美感知、艺术表现、创意实践等素养的培养。两个板块聚焦培育学生人文领域的关键品格和必备能力，涵养高雅情操，具备健康的审美意识。

科创星球：数理思维板块注重学生理性思维的培养；智慧创想注重学生问题意识、独立思考和批判质疑能力的培养。通过跨学科、综合化的学习方式，培育学生缜密的思维，多角度、辩证地分析、解决问题的能力。

实践天地：科学探索板块注重学生科学素养的培养，理解和掌握基本科学原理和方法，崇尚真知；心理健康板块注重学生积极心理品质、情绪管理、抗挫能力的培养。通过科创类比赛、家务劳动、生产劳动、公益活动和社会实践等多样化的学习体验，培养学生科学观念、科学思维、探究实践及责任意识。

（二）学风：四求治学

学校以“四个求”来诠释对学生发展的期望，即求知、求实、求真、求新。

人在本性上都想求知，要遵循儿童的本性，好奇心就是最自由的学问；“求实和求真”体现了脚踏实地、客观实际的治学态度以及追求事物发展真理所在和客观规律的治学目标；“求新”体现“策略”扶持下的治学准则以及挑战未知领域的勇气与精神。

教育改革可以说是一个不断突破现状、不断走向理想教育的过程。学校致力探索个性化教育，从研究核心素养落实在每一个人身上的途径、方法，到研究激活学生创造力。

第三节　灵动作业设计与成果辐射

我校的作业改革项目从2005年至今，历经了三个发展阶段，为学校“对称平衡”的哲学思源提供了大量来自第一线的宝贵实践经验。同时，随着灵动教育办学思想的产生，我校的作业项目也有了不同发展阶段的新思考。

第一阶段：

◆ 2005—2008年，《成功学习每一天》习题集的研发。

◆ 2008—2012年，区星火计划《数学每日精练》研发。

◆ 2012—2016年，区域集群推广。

第二阶段：

◆ 2016—2018年，特色作业的实践研究。

◆ 2018—2020年，学科作业部分停用，部分学科进行改编。

第三阶段：

◆ 2020—2023年，思创作业的实践与探索。

透过作业设计的演变，折射“灵动教育”在办学中“自下而上”及“自上而下”双线往复循环的科学思考。

一、作业设计项目起源发展

2005年，学校从探索期进入了快速发展时期，学校已经初步完成了梯队建设。我们认为优化学生学习心理是当时最迫切的任务，因为学校精神文化建设有利于培养学生的健康个性。

在新课改背景下，通过“优化小学生学习心理的实践”项目研究，我校数学组的教师看到自身发展的不足。沪教版数学教材的使用，对全体数学教师是一个全新的挑战；随着我校学生数量快速上升，每年都有大批新教师走上教学岗位，他们亟须展开有针对性的培训。数学组自发建立起了一种开放的校本教研方式来共同克服困难，从而实现集体成长。解题是数学学习的重要活动，也是教师授予学生的重要技能。我校数学教研组在研究中提出了加强小学生解题策略的研究与学习，并开发形成了《成功学习每一天》习题册。

数学组的成果有以下特点：

(1) 针对数学教材习题量的不足，解决编者意图落地问题，将学生训练有机结合。

(2) 当时社会市场上各类小学数学配套辅导教材良莠不齐，解决家长选择的盲目无序化问题。

(3) 按课程计划实施编写，解决小学数学基础知识与基本技能的教学内容问题。

(4) 所有成果均汇集了区域数学教育的理念。

数学组的成果有以下价值：

(1) 帮助初上岗的年轻教师更准确地把握教学改革的思路。

(2) 帮助普通学生夯实数学基础题型。

(3) 拓展灵活巧妙的试题，帮助优秀学生寻找策略，提升解题能力。

(4) 促进数学教师探究创新试题。

我们将数学组的成果推广至语文和英语教研组，在2008年完成了《成功学习每一天》语数英学科的习题集研发，涵盖一至五年级，每个年级两册，共计30册。

二、星火计划推动成果辐射

成果的应用和推广可以衔接科学研究与社会实践活动，使科学所产生的成效及财富服务于社会，造福其他学校更多的学生。同时，可以与更多的教育伙伴共同探讨，集群创新，共享智慧。为此，我们紧紧围绕“成功学习”这一核心问题，于2012年成功申报了区星火行动计划。在为期三年的研究中，来自本区的10所小学共同组成了团队，展开以下实践研究：

(1) 校本培训，提高教师对课堂学习心理的重视。

(2) 强化备课，突出学情分析。

(3) 加强学法指导，促进自主建构。

(4) 提升学生意志力，促进持续学习。

(5) 促进学生正确评价自己，引导自我发展。

以下是研究团队的实践体会与思考：

A校：教师通过研读《每日精练》发现，有目的、有指导、有组织地设计，是掌握知识技能、发展智力的基本途径。课程巩固的设计要具有针对性，紧扣教学目标，突出教学重点；常规练习的设计要注意关联前后知识，尤其是对后续知识的延伸拓展，并且考虑到不同层次学生的接受能力，使学生都能在原有基础上得到提升。

B校：通过灵动二中心“星火计划”成果推广学习，本学期我校在数学作业的探索实践中，也实施了一些策略，主要是在作业的要求、布置和批改方面，加以创新，提升数学作业的实效。

C校：《数学每日精练》习题的设计，体现了知识的联系性和纠错性。其中的开放题型设计，让学生根据自己的生活经验和认知水平作出不同的解答，这不仅有利于培养学生的应用意识，而且可以感受到多种数学思维方法，提高思维能力和应用能力，调动学习积极性。

为了让练习题更适合本校学生，我们对练习的内容作了调整：一是将难度过大的拓展题从常规作业中删除，仅作为数学兴趣组学生学习的要求。二是把精选精做精练精讲作为我们实施课本练习的目标。调整过后我们发现，一年级学生对校本练习的操作比较顺利，而高年级学生一开始觉得有难度，但随着知识的积累，解决问题的方法多了，一些问题也就迎刃而解了。

三、集群创新后影响力升值

2012年12月，经实践完善的《数学每日精练》入选原闸北区教育局星火计划教育成果。

2013年1月，学校领导与9所申报使用我校成果的学校校长在区教育局“星火计划”(第二轮)的成果推广项目的协议签订会议上达成共识：只有落实有效的教学环节，以学科为突破口，精心设计好课后作业，切实从作业方面减轻学生的负担才能真正做到减轻学生学习压力。

在一学期的成果输出和进一步的研究中，10 所学校的数学教师结合《数学每日精练》的成果输出进行了细致的规划，在半年的实践研究和学习交流中不断提高教学研究能力。

（一）研究习题，研究学生

对习题和学生的扎实研究，让作业设计更有针对性和关联性，紧扣目标、突出重点、使得不同层次的学生都能在原来的基础上得到相应的提升。

（二）分层作业，注重差异

10 所学校面对校与校之间、学生与学生之间在数学知识和数学能力上存在的客观差异。对此，学校将作业分三部分：课程巩固、常规练习、拓展提高。通过差异化分层作业做到因材施教。教师在布置作业时也遵循“因材施教”这一教学原则。

（三）分析错例，合理评价

针对修改习题与错题分析，课题组每月利用教研活动进行进一步的分析研讨。比如，在每单元习题的错误率进行汇总、分析和查找原因时，发现粗心的不良习惯在学生中占了不少比例，教师就采用同桌互相比一比的方法，降低错误率，提高作业质量；教师创新各种激励的手段，如敲章、积分兑换等方法，激励学生认真解题，提高正确率。

参与星火计划的教师感叹《每日精练》的目的不是直接给学生一条鱼，而是让他们拥有能捕鱼的网。

“星火计划”的成果推广为兄弟学校提供了一个学习和交流的平台，引领了数学教研组课题的深入研讨，激发了小学数学教师的探究欲望，进一步促进了教研文化氛围的形成和教师专业发展，提升了数学教学质量。

四、时代触发作业内涵变革

随着教育部组织编写的语文统编教材投入使用，我校的作业实践探索拉开了第二轮的序幕。在 2016 至 2021 年五年间，我们对英语和数学《每日精练》进行改进，使之更符合时代的要求，并暂停了语文《每日精练》的使用。一方面是因为教材的改变，原有的练习设计已经无法满足现有教学的需求；另一方面是统编教材在编写的同时，也注重配套练习的编写，其科学性和专业性更优。

为了提高作业的设计质量，减少重复机械性的非必要作业，在针对现有基础性作业调研后，我校提出了“基础性作业四式”的改革想法。学校不再局限于“基础知识”和“基本技能”，而是包括“基本方法”“基本能力”，同时关注基础性作业应用的“时间”和“空间”。

五、近年来的作业探索尝试

结合教学内容设置拓展性作业，符合新课改理念，是对教学过程的延伸拓展，也是将教学与生活相结合的重要途径。“双减”政策的颁布以及线上教学，给传统的作业设计带来了巨大的冲击，使得减量增质的需求凸显。

（一）探索作业新类型

单元类作业：在设计线上作业时，依据单元目标，对现有资源进行有机整合。在落实的过程中，教师要基于单元作业目标，结合课时安排，通过选编、改编以及创编等方式，整体设计该单元的作业。

主题类作业：利用寒假和暑假，围绕一个主题，各学科结合学科特点、学生年龄，结合资料收集、归纳整理、调查研究、动手操作、一题多解、设计创新等方面，开展主题实践活动。

游戏化作业：以游戏为载体来设计作业，具有趣味性、丰富性、规则性和情感性。联系学生已有的生活经验及知识储备，依托学习工具激活游戏形式。

表达类作业：指向小学一、二年级口语作业的探索，用语言或非语言形式去表达对所学内容的理解。它关注学生个性特点呈现、情感体验释放及心理机制诠释，激发学生内源性学习动力。

跨学科作业：淡化学科界限，基于一门学科，融会贯通多门学科，交叉渗透进行综合化的设计、实践与评价，提升学生灵活运用知识解决问题的能力，为全面而可持续的发展奠定基础。

（二）尝试作业新方式

资料收集型：让学生广泛收集资料，拓宽知识面，提高整理信息的能力，也培养通过各种途径去获取知识的良好习惯。

调查研究型：让学生围绕一个主题或问题，通过社会调查、人员访谈等不同形式，运用分析、归纳、对比等方法，进行总结或提出相关建议。

归纳整理型：让学生使用小报形式，进行集中归类和体系梳理，使所学内容结构清楚、层次分明、易于理解和记忆。

动手操作型：让学生通过绘图、拼图等形式，感知理解及归纳出事物的变化发展规律，培养空间想象能力。

六、灵动理念下的作业聚焦

2020年至今，伴随着上述新形式和新方式作业的尝试，我校作业改革的探索实践走向了第三个阶段。

（一）高度重视作业中的纠错反思

在作业发展的不同阶段，我校的作业研究始终“钟情”于作业中的“错误”。早在2005年编写《成功学习每一天》习题集时，指向“易错题类型梳理和反思”的作业设计便是当时的一大亮点，而《〈小学课堂即时记录系统〉预警功能的案例研究》，则奠定和增强了我校教师团队的反思意识和反思能力。

（二）持续聚焦作业中形成的策略

从一个学校的自发研究到一群学校的集群探索，作业研究吸引越来越多的教师参与，

"授人以鱼，不如授人以渔"的观点，反映在教师灵活多变的设计中，试图让学生独立发现隐藏在作业中的某种规律。

作业设计中师生、生生、学生和自己的交流，促进了学生的思维发展。灵动的教育引领下的作业改革与探索，与发展学生的思维，提升思维的品质不谋而合。

◆

第二章

◆

梦想与担当：
谱写一曲思创作业的旋律

导　言

儿童思维发展的重要理论有哪些？小学思维培育的聚焦点在哪里？

灵动二中心以“慎思慧动”作为思维培育的核心，从思考的起点出发、伴随思维的过程、收获思想的果实，形成激发思考兴趣、提升思维能力、孕育思想启蒙的学生思维培育过程，提升学生思维的敏捷性、灵活性、深刻性、独创性和批判性。

灵动教育视域下的思创旋律，从“思创课堂”走向“思创作业”，灵动二中心积极探索和设计基于课程标准、体现核心素养、面向全体学生的思维培育作业，希望为学生的创造性思维培养插上一双翅膀。

第一节　思创旋律的缘起

我们通过了解思维研究的历史，学习思维的重要理论，以我校“慎思慧动”的核心理念进行思维培育的实践和探索，从“思创课堂”走向“思创作业”，在探索的过程中对作业的核心内涵、作业的关键要素、作业的流程和作业的设计设想，为学生的创造性思维培育打开一扇新窗。

为了更好地进行作业设计，学校组织教师集中对儿童思维发展持续学习与研究。我们重点参考了思维教学的研究关注理论和技能的研究。

在认知学领域，1970 年，让・皮亚杰的认知发展阶段论明确不同年龄阶段的思维特点；1978 年，维果茨基提出知识社会建构论，认为思维教学应关注儿童的最近发展区。

在认知心理学领域，1979 年，约翰・弗拉维尔提出元认知理论；1985 年，罗伯特・斯腾伯格提出三元智力理论和成功智力论；1988 年，罗伯特・J.马扎诺对思维层级进行划分，并提出思维教学与课堂教学的结合框架；2002 年，林崇德构建了“三棱结构”思维模型，又于 2010 年提出思维型课堂四大基本原则（认知冲突、自主建构、自我监控和应用迁移）。

思维教学技能方面，20 世纪 70 年代，诺瓦克发现了一种有效地组织和表征知识的思维工具“概念图”；1983 年，爱德华・德・博诺的柯尔特思维教程和六顶思考帽理论；2012 年，赵国庆提出三阶段思维训练理论，即显性思维显性化—显性思维工具化—高效思维自动化。

针对高阶思维培养，1956 年，本杰明・布鲁姆提出目标分类理论：认知发展水平可以区分为了解、领会、运用、分析以及创造和评价等层级，分析、评价和创造为高阶思维；2018 年，万美晨、童亨指出中小学作业设计应转向“高阶思维”的培养；2021 年，马淑风、杨向东提出促进高阶思维发展的合作推理式学习，其七个关键步骤为：阅读理解、形成观点、论证观点、回应他人、整合总结、小组汇报和引领反思。

随着核心素养的提出，义务教育阶段各学科的思维品质研究都不同程度地成为热点。语文学科关注直觉思维、形象思维、逻辑思维、辩证思维、创造思维；数学学科关注抽象能力、几何空间观念、运算能力、推理能力、模型意识、应用意识；英语学科关注逻辑思维、辩证思维、创新思维等，创造性思维更是成为全球聚焦的思维研究领域。

值得注意的是，在作业中提升学生的思维品质、培养学生的创造力思维的研究较少，因此本校聚焦学生思维发展的实践和探索具有重要的意义。

我们还深入研究了儿童思维发展的重要理论，包括皮亚杰认知发展阶段论、维果茨基知识社会建构论、布鲁姆教学目标理论、林崇德思维品质论等。这些研究，为我们展开作业设计提供了重要的理论基础。

研究表明，小学低年级段以具体形象思维为主，处于出声思维阶段，判断能力、概括能力、分类能力和推理能力主要建立在直观、表象之上，想象力具有明显的复制性、模仿性，创造力和想象力上常常不精确、不完整且脱离现实。我们可以结合小学生低年级的思维特点，设计符合学生兴趣、年龄、学习需求的作业类型。

小学中高年级段逐步过渡到抽象逻辑思维，但仍带有很大的具体性，同时处于出声和无声的言语思维阶段。可设计包含辅助学生思维可视化的思维导图、思维地图等作业；关注学生个性表达、自主探究的个性化、自主式作业；激发学生想象力、培养学生创造力的创智类作业；引导学生深度思考的主题类、专题类等作业；提高学生分析批判思维的问题链作业；拓宽学生思维、挖掘学生创造力的跨学科作业等。

参考文献：

[1] 李玉利.近十年国内思维教学研究的热点、演进与展望[J].教育信息技术，2023(1)：118-122.

[2] 万美晨，童亨.基于高阶思维培养的作业设计转向[J]. 教学与管理，2023(12)：74-78.

[3] 胡进.PISA2021：创造性思维的测量维度与评估示范[J].天津教科院学报，2021(4)：23-27.

第二节　思创旋律的渐进

一、主线：慎思慧动

“慎思慧动”源于《中庸》“博学之，审问之，慎思之，明辨之，笃行之”。慎思慧动意为审慎思考、周密思索、有效行动。它是一种学习方法、处事方法和人生态度。

（一）慎思慧动融于课堂

我校课程体系致力于发展和提升学生终身发展和适应社会发展需要的关键能力和必备品格。

基础课程通过思维课堂激发学生思维。语文开展整本书阅读课程，充分调动学生的概括和分析能力，提升阅读和写作的技能；英语开展戏剧课堂，挖掘学生的创新意识，创意表达自己的想法；数学开展悦思维课程，激发学生思维，体验数学乐趣。

校本课程通过思维阶梯助力学生思维发展。社团课程中的综合“DI 创新思维课程”关注学生问题意识培养，提升问题解决的创新能力的培养；STEM 课程关注学生计算思维的培养；小课题课程提升学生的问题发现意识，掌握思维的支架工具，提升问题解决的能力。

“慎思慧动”的理念渗透于基础课程和校本课程中，在潜移默化中培养学生积极的思考能力与良好的思考习惯，提升学生解决问题的能力。

（二）慎思慧动融于作业

在校本作业管理机制中，学校建立与教学匹配的作业管理制度。做到学生每日在作业自主管理手册上登记自己的作业，教师每日在钉钉平台向家长和学生公示作业内容和指导要求，教师每月在 E 童平台(家校沟通平台)，进行作业反馈和备案。

同时学校在每学期启动前，制订从校级、学科、教研、教师四个层面的作业指导方针和具体方案，力求在学生、教师、学校三位一体的作业管理制度中实现基于学生真实需求的作业量和质的标准化管理和动态化调整。学校从作业源头思考学生的需求，从作业管理过程中思考学生的学习成果，从作业反馈评价中思考学生的内在潜能，基于学生需求思考作业的目的和具体内容，旨在减少学生的作业负担，提升学生的作业效果，真正实现减负增效。

在作业管理机制下，从课堂到作业的设计，学校进一步关注学生思维的起点、过程和结果，关注学生的思考能力、思维发展和思想孕育。学校在作业目标的设定、作业内容的制订、作业类型的选择、作业评价的方式等方面思考学生在作业过程中的思维品质的培养。

二、节奏：思考、思维、思想

（一）思考、思维、思想的关系

思考是认知起点，是一种探索活动，处于分析问题阶段。思维是认知过程，是同大脑有关联的，有轨迹的路径活动，处于判断问题阶段。思想是认知终点，是大脑思考到思维产生结果的活动，处于决策问题、解决问题的阶段。三者具有因果关系：种子—培育—果实。思考、思维、思想的建设是提升和保持学生创造力的重要保障。

（二）思维培育过程

图 2-1　思维培育的核心理念

我校以“慎思慧动”作为本校思维培育的核心，从思考的起点出发、伴随思维的过程、收获思想的果实，形成激发思考兴趣、提升思维能力、孕育思想启蒙的学生思维培育过程，提升学生思维的敏捷性、灵活性、深刻性、独创性和批判性（见图 2-1）。

激发思考兴趣，旨在探寻激发学生思考的情境设计、游戏创造和表达方式。

提升思维能力，旨在关注学生思维品质的发展。

孕育思想启蒙，旨在助力学生主动思考和积极思索，帮助学生在自主思考探索的过程中认识自我表达自我，启蒙思想的火花。

三、主旨：思创

我校在以慎思慧动为核心的思维培育理念下，开展指向小学生创造性思维能力培养的实践与探索。

借鉴 PISA2021 报告的“三维度四领域”论述（见图 2-2），我们将创造性思维能力的定义为：能够有效参与到创意的产生、评估和改进，并提出新颖、有效的解决方案，促进知识的形成与发展，在表达中培养丰富的想象力。

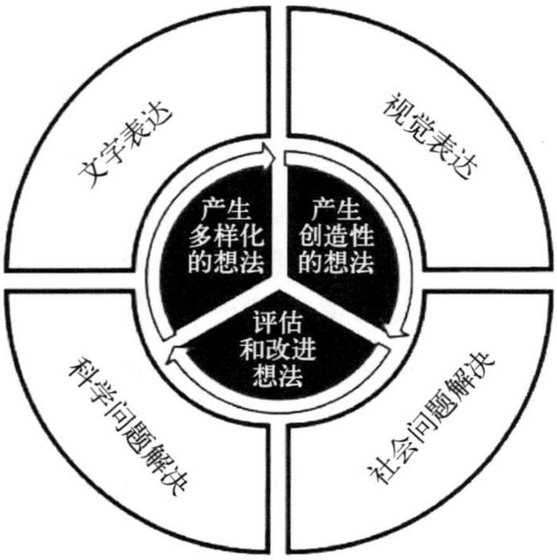

图 2-2　PISA2021“三维度四领域”

（一）思创的表现形式

学生的创造力是“思创”中创造性思维能力的主要表现形式。若将创造力分为“大创造力”和“小创造力”两类，小创造力主要指日常生活中的创造力，比较符合小学生的身心发展的特点。因此“思创”主要以小创造力为表现形式。

（二）思创的观察工具

依据小学阶段的各学科课程标准和小学生的身心特点，以“产生多样化的想法、产生创造性的想法、评估和改进的想法”作为观察领域，以“文字表达、视觉表达、社会问题解决、科学问题解决”为观察维度，对学生在具体维度上的创造性思维能力的表现进行观察和特征描述（见表 2-1）。

表 2-1　创造性思维的观察点

维度 / 领域	创造力表达		知识创造和创造性问题解决	
	文字表达	视觉表达	社会问题解决	科学问题解决
产生多样化的想法	学生对文字内容有不同的解释	学生以不同的方式组合呈现产品或数据	学生利用不同的资源、工具和方法寻找社会解决方案	学生利用不同的假设或实验调查和观察结果
产生创造性的想法	学生利用文字进行创作	学生以不同的方式组合创作	学生想出有效的解决方案	学生生成有效的问题解决方案
评估和改进的想法	学生利用文字对现有的内容进行原创性的创作	学生在现有的作品基础上进一步结合表达的主题创作	学生在现有方案的基础上进行有效的改进	学生在现有的实验基础上进行有效的改进

参考文献：

[1] 余继，夏欢欢.批判性思维和创造性思维测评的理论基础与实践动向——基于国际典型测评工具的述评[J]. 中国考试，2021(6)：70-77.
[2] 翟俊卿，陈郁郁.指向创造性思维：PISA 2021 的启示与借鉴[J].教育测量与评价，2021(2)：36-42.
[3] 朱志贤，林崇德.思维发展心理学[M].北京：北京师范大学出版社，2002.

第三节　思创旋律的谱写

一、思创作业七要素

“作业目标、作业内容、作业类型、作业难度、作业时间、作业差异、作业评价”是思创作业七要素。这些要素不仅包含各学科的知识、技能、情感要求，更是将学生创造性思维能力融合在内。

（一）作业目标

作业目标包括学科学段作业目标、单元作业目标、课时作业目标、创造性思维目标等，主要反映作业需要实现的功能和作用。

（1）作业目标设定的步骤。

（2）作业目标涵盖本学科的各项核心素养指标。

（3）作业目标涉及创造性思维的独创性、流畅性、变通性和精密性的特征以及创造性思维能力发展的三维度和四领域。

（4）基于课程标准，撰写单元教学目标下的单元作业目标。

（5）设定单元目标下的课时目标，以行为主体、行为表现、行为条件及表现程度，表述每一条作业目标。

（二）作业内容

作业内容主要根据课程标准进行设计，与单元和单课的教学目标联合，基于学生的认知特点和身心健康及创造性思维能力的发展需求确定。作业内容表述清晰明确，涵盖本体知识、思维策略、习惯指导等。

（三）作业类型

作业类型主要根据学科特点分类，可以分为书面作业和操作型作业以及多种组合方式的作业。指向创造性思维能力发展的作业可以选择书面、视觉、问题解决类的作业类型（见表 2-2）。

表 2-2　作业类型多维分析表

书面作业		操作型作业	
A1	选择题	B1	听力类
A2	填空题	B2	朗读类
A3	简答题	B3	背诵类
A4	判断题	B4	观赏类

（续表）

书面作业		操作型作业	
A5	开放题	B5	动手操作类
A6	跨学科类	B6	社会考察实践类
A7	写作类	B7	合作类
A8	整理类	B8	长周期类
	……		……

（四）作业难度

作业难度的设计要求教师首先关注学生的学习情况、精准分析学情，在了解整体学生的学习水平的同时，对个体的学习情况细致观察。其次关注学生的最近发展区、关注学生现有的知识能力和思维水平，同时关注学生即将达到的水平。最后尤其关注学生克服困难的品质和习惯。

（五）作业时间

我们严格按照《关于加强义务教育学校作业管理的通知》控制作业时间。

（六）作业差异

针对知识点进行有序的难度设计和知识点排列，通过对题目设置不同的难度星级，帮助学生根据自身能力作出选择和判断，同时对题目进行详细的解释说明并给予鼓励性的语言鼓励学生在已有的基础上挑战新的难度等。帮助学生有效地巩固知识，同时建立学习自信心，激发其学习热情。

（七）作业评价

评价内容。对于作业完成后的评价依据学生作业时的学习兴趣、学习习惯、学业成果、思维能力等给予不同的等级。

评价的主体范围。学生、家长、同伴、教师多维度的评价主体帮助学生认识和了解自身的学习状态和创造性思维能力，帮助家长观察孩子的学习状况，帮助教师进一步认识学生的整体情况。

二、思创作业的设计原则与流程

（一）思创作业的设计原则

1. 兴趣原则

通过作业内容、作业形式设计提升兴趣度，同时还要贴近生活，作业素材来源于学生身边的事物，以及自然社会和科学世界中的事物，增强作业与他们生活的联系，使他们感到亲切和熟悉。

2. 创造原则

在学习过程中，指导者可以根据学生的发展区水平，布置有难度的任务，帮助其实现过渡与提升。

依据教育教学目标设计的题目能帮助学生实现知识的输出转化，根据学生的现有水平设计具有挑战性的作业则能开阔学生思维，培养其创造力，因而创造力也是作业设计中的重要因素。创造力可以通过内容和形式两方面的设计达成：

(1) 内容创造。设计开放性的问题，以发展创造性思维能力、激发学生的好奇心与创造力。

(2) 形式创造。多重形式的作业形式可以辅助学生发挥创造的空间，不同类型的作业合作、实践、互动、设计、问题解决方案等都有利于增强学生创造力。

3. 差异原则

教师在教学过程中要充分认识学生之间的差异，关注学生个体，激发潜能，提升自我效能感，帮助学生实现个性自由发展。在作业设计中教师通过差异原则，选择不同类型难度、不同形式以及不同智力需求的作业给学生，更有利于满足学生的智力和思维的发展需求。

4. 多维原则

教师在教学中需要关注学生的个性发展，从多个维度来帮助学生建立良好的学习习惯、学习兴趣和学业成果。因而教师在作业设计的作业评价过程中可以通过多维原则，包括评价方式、主体和过程的多维化。

(二) 思创作业的设计流程(见图 2-3)

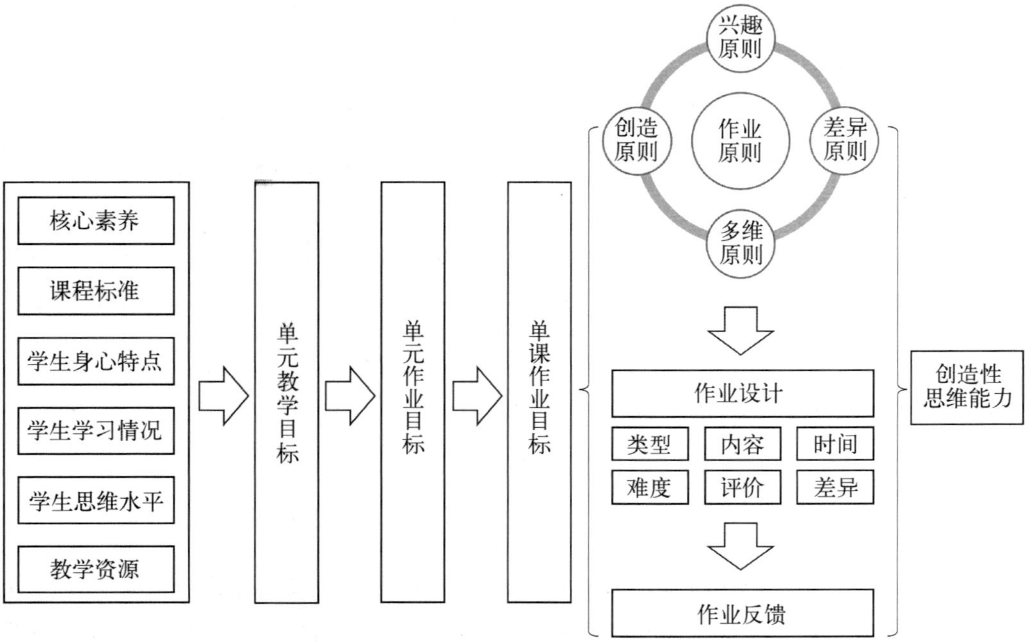

图 2-3　思创作业的设计流程

（1）分析学科课程标准、学生的身心特点、思维水平、学习情况和教师的教学资源。

（2）基于学情设定单元的教学目标及作业目标，关注单元知识、技能、情感、思维能力的整体目标。

（3）依据教学的进度动态调整不同课时的作业目标，依据行为主体、行为条件、行为方式和行为结果描述目标，做到清晰、准确、可评价。

（4）根据作业的兴趣原则、多维原则、创造原则和差异原则对作业关键要素（内容、时间、难度、类型、差异、评价）进行设计及作业反馈设计。

（5）在作业设计的流程中，融入创造性思维能力的各领域及维度。

三、思创作业的设计工具

（一）教研工具：思创作业研讨六环节

思创作业研讨六环节包括：理论学习、作业设计、课堂呈现、作业实施、作业成效和案例总结。它在教研组的标准实施流程见表 2-3。

表 2-3　思创作业研讨六环节实施流程

流程	内容
① 理论学习	在学科专家的指导下，开展学科作业研究，学习学科课程标准和学科作业设计的理论和案例
② 作业设计	以上海市高质量作业设计为蓝本，形成学科作业设计的基本流程
③ 课堂呈现	选取目标单元进行课堂教授和对作业进行呈现、指导及说明
④ 作业实施	向学生发放作业和指导完成，并回收批改订正
⑤ 作业成效	记录学生的作业情况，包含准确率和易错点，以及作业感受
⑥ 案例总结	研讨作业设计、实施和成效反思，撰写案例、提升作业设计能力

在教研组进行思创作业研讨后，对教师在六个环节的参与、讨论和收获进行反馈收集记录，作为下一轮作业研讨周期的证据，同时鼓励教师记录在研讨周期内的体会和感悟（见表 2-4）。

（二）会议工具：创新教师会议

创新教师会议核心是以学生为中心。我校开展以“思创作业设计”为中心议题的教师会议，深化教师对作业的理解、分析学生的作业、反思学生表现出来的数据，解决教师在作业设计中的问题。并在会议过程中选取不同策略提升教师的参与度和会议的效果。

表 2-4　思创作业研讨六环节反馈表

<table>
<tr><td colspan="5">思创作业研讨六环节反馈表</td></tr>
<tr><td colspan="5">学科：________　教师：________　教龄：________</td></tr>
<tr><td rowspan="2">教研环节</td><td rowspan="2">观察点示例</td><td colspan="3">反馈
1. 非常少；2. 比较少；3. 一般；4. 比较多；5. 非常多</td></tr>
<tr><td>参加(1—5 分)</td><td>讨论(1—5 分)</td><td>收获(1—5 分)</td></tr>
<tr><td>理论学习</td><td>学科课程标准
作业设计理论</td><td></td><td></td><td></td></tr>
<tr><td>作业设计</td><td>作业设计原则
作业设计要素
作业设计流程</td><td></td><td></td><td></td></tr>
<tr><td>课堂呈现</td><td>课堂教学
作业呈现
作业说明
作业要求</td><td></td><td></td><td></td></tr>
<tr><td>作业实施</td><td>作业发放
作业完成
作业回收
作业批改
作业订正</td><td></td><td></td><td></td></tr>
<tr><td>作业成效</td><td>作业完成率
作业准确率
作业错误率
作业错误点
作业趣味性</td><td></td><td></td><td></td></tr>
<tr><td>案例总结</td><td>作业设计
作业实施
作业成效</td><td></td><td></td><td></td></tr>
<tr><td colspan="2">整体</td><td></td><td></td><td></td></tr>
<tr><td colspan="5">体会：</td></tr>
</table>

我们采取的思创作业设计会议策略如下：

（1）情报站：除了作业设计的中心议题，教师可以选择作业设计相关的议题讨论并作小结，保证全体参与会议人员能够了解个别话题的讨论。

（2）旋转式头脑风暴：教师自主撰写对作业的想法，张贴在会议室的不同角落，随后教师自主选择记录不同角落的观点，促进教师处在相对安全的环境中交流。

（3）咨询同事：教师向同事提出问题，发表观点，增强教师间的信任，促进教师愿意暴露自己的弱点，共同解决问题。

（4）靶心活动：三个教师站在靶心，轮流交换位置回答问题和挑战，可以向场外教师顾问寻求帮助。

（5）成功故事：会议前发通知，教师带着问题解决的方案来开会。

在教师会议前向教师发放“思创作业设计”会议的讨论指南（见表 2-5），鼓励教师提前思考，带着问题或解决方案参加会议。

表 2-5　思创作业设计会议指南

思创作业设计会议指南
教师：＿＿＿＿＿＿　学科：＿＿＿＿＿＿　教龄：＿＿＿＿＿＿
1. 您对所教学生的思维基础（特点）了解吗？ 2. 在设计作业中，除了书面作业，您是否布置过口头、合作、动手实践或者预习、复习等不同类型的作业？ 3. 在设计作业中，您是否考虑设计一些弹性、分层和个性化作业？ 4. 在作业设计中，您有哪些策略和途径可以促进学生的创造性思维发展？

在教师会议中，我们利用会议观察图（见图 2-4）对会议进行推进、记录和观察，从而提升会议的有效性。会议观察表由会前、会中和会后三个板块构成，每个板块都标注观察点，比如会中关注是否对议题进行说明、示范，为练习和反馈提供机会，为专业对话、交流、思考创造机会。

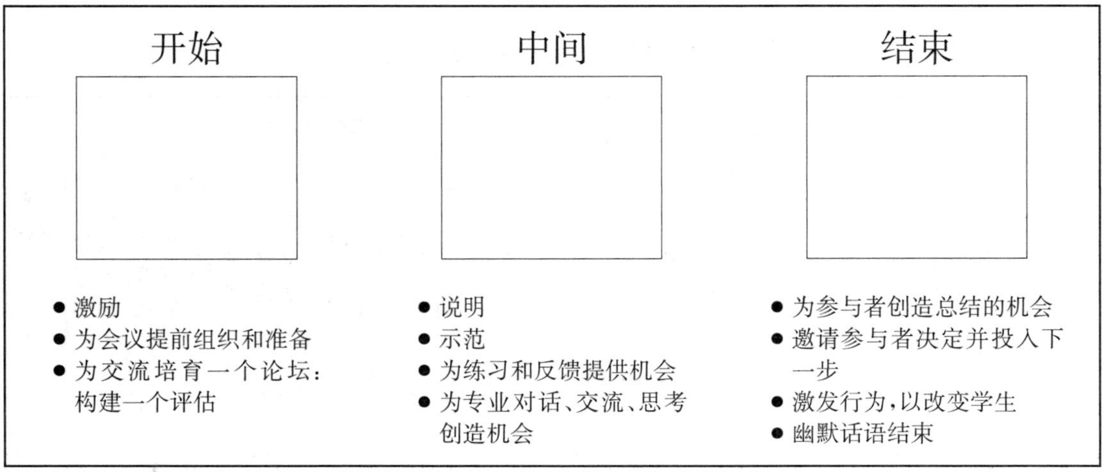

图 2-4　创新教师会议观察图

（三）观察工具：思创作业设计属性表

思创作业设计属性表（见表 2-6）是对教师在思创作业设计后的进行作业各项要素和思

维水平设计观察的工具。作业设计属性表主要包含作业的序号、作业的目标序号、作业类型、作业完成方式、作业评价方式以及作业中关于指向学生创造性思维能力培养的三维度和四领域，以及作业时间。

表 2-6　思创作业设计属性表

作业设计		作业类型		完成方式		评价方式			创造性思维能力							作业时间
									维度			领域				
作业序号	作业目标序号	书面	操作	独立	合作	师评	自评	互评	产生多样化的想法	产生创造性的想法	评估和改进的想法	文字表达	视觉表达	社会问题解决	科学问题解决	
1																
2																
3																
4																
5																

教师通过作业属性表的观察能够比较完整地观察作业设计的要素是否齐全、作业设计的思维水平以及作业设计的完成时间是否恰当等。

同时可以基于所在学科的特点对作业属性表中的要素作调整，进一步观察具有学科特色的思创作业的设计，比如英语学科特色的作业属性表中的作业类型与其他学科不同，类型主要为听力、表达、阅读和写作（见表 2-7）。

表 2-7　英语学科思创作业设计属性表

作业设计		作业				完成方式		评价方式			创造性思维能力							作业时间
											维度			领域				
作业序号	作业目标序号	听力	表达	阅读	写作	独立	合作	师评	自评	互评	产生多样化的想法	产生创造性的想法	评估和改进的想法	文字表达	视觉表达	社会问题解决	科学问题解决	
1																		
2																		
3																		
4																		
5																		

（四）软件工具：辅助作业设计的软件

在进行作业设计时，为了更好地使用各类声视频及图片等资源辅助作业设计，可以选择一些设计软件，提升作业设计的效率。我们总结出三款适合作业设计的优质软件及核心优势如表 2-8 所示。

表 2-8　作业设计软件对比

	OneNote	Effie	有道云笔记
优点	√ 支持图片、音频、视频等各类格式的插入 √ 支持手绘功能 √ 笔记本结构，创建知识架构	√ 可以做笔记、写作 √ 沉浸式工作氛围 √ 大纲与思维导图 √ 文稿箱，关键词一键搜索	√ 可以做笔记、写作 √ 支持 OCR 扫描 √ 内容收藏功能 √ 深度搜索功能

参考文献：

［1］程晓堂，赵思奇.英语学科核心素养的实质内涵[J].课程・教材・教法，2016(5)：79-86.

［2］王月芬.重构作业：课程视域下的单元作业[M].北京：教育科学出版社，2021：9.

［3］罗宾斯，等.校长之道：只为成就教师和学生(第四版)[M].刘国伟，译.哈尔滨：黑龙江教育出版社，2016.

◆ 第三章 ◆

足迹与证明：遵循一切事实调查的依据

导　言

教师作业设计的进展如何？作业设计的优化让学生在思考力、学习力和创造力上有哪些转变？

为精准把握现状，灵动二中心借鉴相关问卷及量表，编制了适用于本校的“教师作业设计现状调查问卷”和“学生作业现状调查问卷”，抽样调查进行“量的研究”，并通过深度访谈加以“质的研究”。

基于校内调查研究，结合上海市绿色指标2.0和静安区活力指标3.0，灵动二中心从组织优化、教师专业发展、学生个人成长等维度上分析策略，不断寻找新的生长点。

第一节　教师作业设计现状调查

我们开展小学生作业及思维现状的调查研究，有助于了解教师在作业设计上的基本情况、作业设计的理念、作业设计的能力以及教师在作业设计方面的专业发展等现状，也有助于了解学生在完成作业过程中的感受、需求及成长收获。调查结果将成为教师为学生有效设计作业和学校优化管理的行动依据，从而更加有效地落实减负增效，提升教育教学质量的目标。

一、教师作业设计现状调查问卷的编制

我们借鉴学习中小学的作业设计调查问卷中的教师观念量表、教师作业设计能力量表和教师设计作业的专业发展量表等调查工具，编制了关于本校教师作业设计现状的调查问卷。

（一）教师问卷的编制

最终编制完成的教师问卷共计 45 道题，关于程度的选项采用李克特量表，具体的调查内容分布情况见表 3-1。

表 3-1　教师问卷的调查内容分布情况

调查内容	题号	设计意图
个人基本信息	1—6	从性别、学历、职称、教龄、任教年级等方面记录教师背景信息
作业设计基本情况	7—14	从频率、时间、来源三方面分析作业设计基本情况
教师作业观念	15—21	从作业的七大功能出发考查教师的作业观，包括提高学业成绩、增强学科重视程度、保持学习兴趣、巩固课堂学习内容、培养学习习惯、掌握学习方法、合理安排学习时间
教师作业设计能力	22—31	从教师设计作业时系统地思考一系列相关问题的情况，分析判断教师设计作业的能力
教师在设计作业上的专业发展	32—36	从专业培训、阅读相关文章、教研组专题讨论、与同事交流、自行总结反思五个方面提升教师设计作业的能力
作业实践调查	37—43	从对教学的了解程度及了解方式、设计作业频率、思考作业目标、作业纵横向结构等方面考察
开放题	44—45	1. 假如设计一份作业的话，您认为在实际工作中存在什么困难？ 2. 假如设计一份作业的话，您现在最想掌握哪些方面的知识或技能？

（二）调查样本的确定

我们随机选取来自本校各学科的 50 名小学教师作为教师问卷的调查对象，并在调查问卷中记录了教师性别、学历、职称、教龄、现任年级等人口学变量及背景信息，统计情况见表 3-2。

表 3-2　教师基本信息一览表

变量		人数	占比（%）
性别	男	6	12
	女	44	88
学历	本科	45	90
	研究生	5	10
职称	小学一级	36	72
	小学高级	12	24
	中学高级	2	4
教龄	3 年以下	8	16
	4—10 年	25	50
	11—20 年	11	22
	20 年以上	6	12
现任年级	一年级	9	18
	二年级	9	18
	三年级	10	20
	四年级	7	14
	五年级	15	30

二、教师作业设计现状的问卷调查

（一）教师问卷调查的实施过程

自 2022 年 9 月起，我们开始进行教师作业设计现状的调查研究。首先进行了文献和资料查阅，学习借鉴成熟工具，编制本校教师问卷（见表 3-3）。随后开展预测试，检测问卷的信度和效度，最后正式展开问卷调查，进行分析。

表 3-3　教师问卷调查的实施过程

时间	实施步骤
2022 年 9 月—2022 年 10 月	教师作业设计现状调查问卷编制 问卷信度及效度预测试
2023 年 3 月—2023 年 4 月	教师作业设计现状调查问卷发放及回收
2023 年 4 月—2023 年 5 月	教师作业设计现状调查问卷数据整理及分析
2023 年 6 月—2023 年 7 月	教师作业设计现状调研报告撰写

我们对收集到的教师问卷调查数据从作业设计的时间、作业的来源、作业设计的观念等方面展开分析。问卷赋分情况如表 3-4 所示。

表 3-4　教师问卷赋分情况

同意程度	频次	分值
非常不同意	从不	1
不太同意	很少	2
不确定	有时	3
基本同意	经常	4
非常同意	总是	5

（二）教师问卷调查的总体情况

1. 作业设计的时间情况

调查发现，教师每天花在设计作业上的时间多为 30 分钟到 60 分钟，其次是少于 30 分钟，只有极个别教师用到了 1—2 小时（见表 3-5）。

表 3-5　教师在设计作业上的所用时间情况

		频率	百分比	有效百分比	累积百分比
有效	A. 少于 30 分钟	22	44.0	44.0	44.0
	B. 30 分钟到 60 分钟	26	52.0	52.0	96.0
	C. 1—2 小时	2	4.0	4.0	100.0
	总计	50	100.0	100.0	

2. 作业设计的来源情况

从教师设计作业的来源调查结果分析中不难发现(见表3-6),最常见的是选择配套的练习册作为作业,其次是由备课组统一设计,而选择其他教辅材料作为作业的情况相对较少。

表3-6　教师设计作业的来源情况

	备课组统一	配套练习册	校本作业	教科书习题	自行编制	教辅材料	网络资源
平均值	4.04	4.32	3.70	3.76	3.46	2.64	3.42
标准偏差	0.727	1.269	1.182	1.001	0.862	1.083	0.928
最小值	3	1	1	1	2	1	1
最大值	5	5	5	5	5	5	5

3. 作业价值的认同度情况

从教师对作业价值的认同度来看(见表3-7),得分从高到低分别是:巩固课堂学习内容、提高学业成果、培养学习习惯、掌握良好的学习方法、增强学科重视程度、培养合理安排时间能力、保持学习兴趣。

表3-7　教师对作业价值的认同度情况

	提高学业成果	增强学科重视程度	保持学习兴趣	巩固课堂学习内容	培养学习习惯	掌握良好的学习方法	培养合理安排时间能力
平均值	4.66	4.52	4.10	4.68	4.64	4.60	4.50
标准偏差	0.479	0.580	0.909	0.471	0.485	0.495	0.647
最小值	4	3	2	4	4	4	3
最大值	5	5	5	5	5	5	5

4. 作业设计的能力情况

就参与本次调查的教师作业设计能力情况而言(见表3-8),总体处于中上水平,但还有提升的空间。得分最高的是教师在设计完作业后会预先做题目,得分较低的是在设计完作业后会分析存在科学性的错误以及在设计作业前会写作业总目标。

表3-8　教师作业设计的能力情况

	平均值	标准	偏差	最小值	最大值
写作业总目标	3.14	1.069		1	5
预先做题目	4.52	0.762		2	5

（续表）

	平均值	标准偏差	最小值	最大值
分析每道题对应的目标	3.48	1.054	1	5
分析科学性	3.4	1.195	1	5
判断每道作业题的难度	4.12	0.718	2	5
估计每道题的时间	3.98	1.04	1	5
明确每道题适合的学生	3.9	0.909	2	5
估计作业整体难度	4.08	0.9	2	5
估计整体时间	4.24	0.771	2	5
调整作业题类型与数量	3.9	0.763	2	5

5. 教师专业发展情况

从教师设计作业上的专业发展情况来看（见表 3-9），得分最高是通过与其他同事交流学习，最低是通过专业培训学习。

表 3-9　教师作业设计的专业发展情况

	通过专业培训学习	通过阅读相关文章学习	通过教研组专题讨论学习	通过与其他同事交流学习	通过自己总结和反思学习
平均值	2.64	2.90	3.56	3.74	3.72
标准偏差	0.851	0.974	1.013	0.694	0.858
最小值	1	1	1	2	2
最大值	5	5	5	5	5

6. 作业设计的实践情况

教师设计作业的频率还有待提高，在设计作业时对于“作业的横向结构”思考也有待加强，即对于同一时间段不同学科的作业在内容、要求与能力上的相关性思考（见表 3-10）。

表 3-10　教师作业设计实践情况

	从不	很少	有时	经常	总是
作业频率	0%	34%	42%	18%	6%
作业总目标	0%	12%	20%	42%	26%

（续表）

	从不	很少	有时	经常	总是
作业类型	0%	10%	38%	30%	22%
作业纵向结构	0%	16%	32%	32%	20%
作业横向结构	4%	16%	32%	26%	14%

7. 作业设计的实际困难

在本次教师问卷调查中还设置了两道开放题，其中一题是“假如设计一份作业的话，您认为在实际工作中存在什么困难”，共有 44 人次回答了这个问题。大部分教师提到了作业形式的多样性、丰富性和创意性不够，针对分层作业设计欠缺，单元作业内容较多而学生完成的时间有限，无法很好地在每堂课上落实单元作业设计的理念，以及评价方式有限、较为单一等(见图 3-1)。

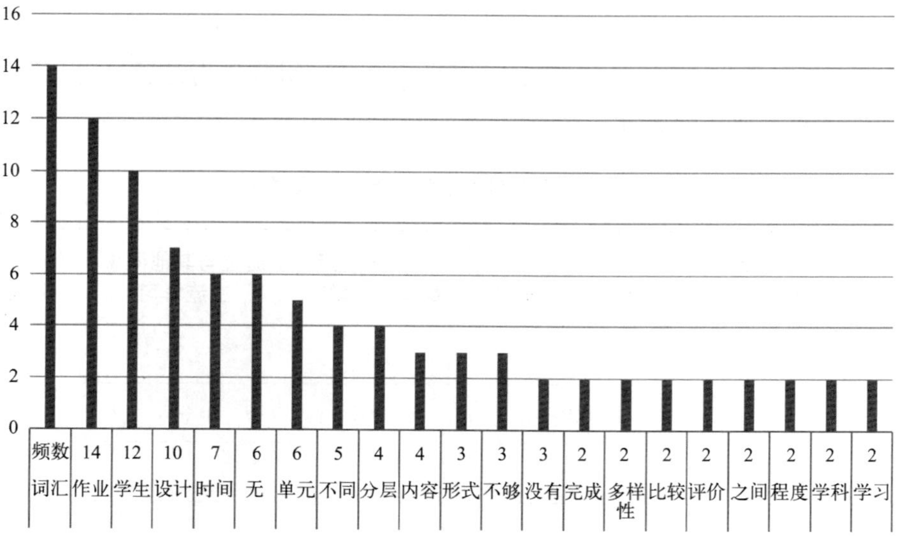

图 3-1　教师在作业设计中存在的实际困难

8. 作业设计的实际需求

另一道开放题是“假如设计一份作业的话，您现在最想掌握哪些方面的知识或技能”，共有 23 人次回答了这个问题。分析发现，大部分教师提出了需要关于作业设计的策略、案例以及理论知识学习，包括作业连续性设计、差异性设计，作业形式的多样性和创意表达，作业过程中的指导环节、做法，以及如何进行有效评价等(见图 3-2)。

（三）教师问卷调查的差异分析

1. 教师设计作业的来源差异情况

以教师设计作业的来源为因变量，以教师性别为自变量，进行独立样本 t 检验，发现男女教师在设计作业的来源上不存在显著差异。进一步分析可知，出现这一结果的原因可能

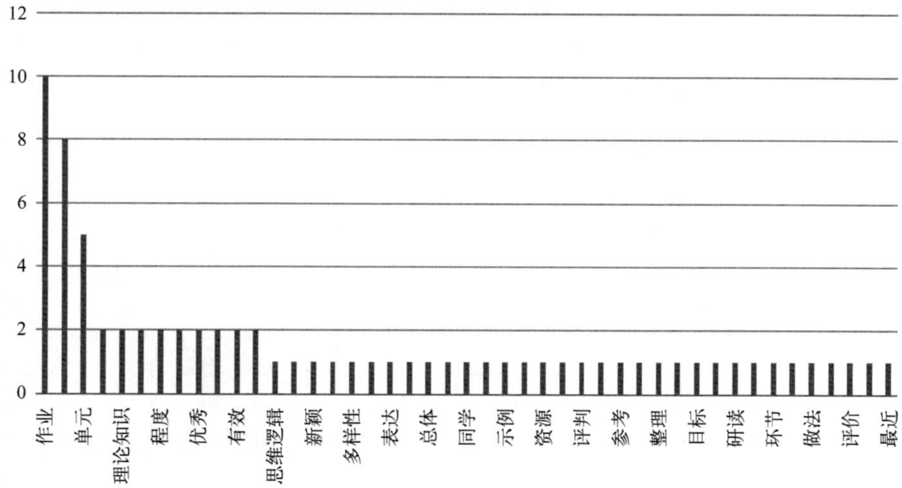

图 3-2　教师在作业设计中存在的实际需求

是本次调查样本中的男女教师数量比例为 1∶7 左右，男教师明显较少(见表 3-11)。

表 3-11　不同性别教师在设计作业的来源上的差异情况

作业设计来源	男	女	T 值	P 值
备课组统一	4.00(0.894)	4.05(0.714)	−0.142	0.888
配套的练习册	3.67(1.506)	4.41(1.226)	−1.356	0.181
校本作业	4.00(1.095)	3.66(1.200)	0.659	0.513
教科书习题	3.83(1.169)	3.75(0.991)	0.189	0.851
自行编制作业	3.17(0.753)	3.50(0.876)	−0.886	0.380
其他教辅材料	2.00(0.632)	2.73(1.107)	−1.565	0.124
网络资源	3.50(0.837)	3.41(0.948)	0.223	0.825

注：表格内为平均数和标准差，以下同。

因变量同上，以教师的最后学历为自变量，进行独立样本 t 检验，发现不同学历教师在设计作业的来源上均不存在显著差异(见表 3-12)。

表 3-12　不同学历教师在设计作业的来源上的差异情况

作业设计来源	本科	硕士研究生	T 值	P 值
备课组统一	4.02(0.723)	4.20(0.837)	−0.515	0.609
配套的练习册	4.31(1.311)	4.40(0.894)	−0.147	0.884

（续表）

作业设计来源	本科	硕士研究生	T值	P值
校本作业	3.64(1.209)	4.20(0.837)	−0.997	0.324
教科书习题	3.69(1.019)	4.40(0.548)	−1.527	0.133
自行编制作业	3.51(0.869)	3.00(0.707)	1.265	0.212
其他教辅材料	2.60(1.053)	3.00(1.414)	−0.780	0.439
网络资源	3.44(0.943)	3.20(0.837)	0.555	0.582

因变量同上，以职称为自变量，进行单因素方差分析，发现不同职称的教师在部分观测点上具有显著差异。进一步分析发现：在由备课组统一设计作业以及直接从教科书中选择习题作为作业方面，中学高级教师得分最高，小学高级教师得分最低（见表 3-13）。

表 3-13　不同职称教师在设计作业的来源上的差异情况

作业设计来源	小学一级	小学高级	中学高级	F	p	事后检验
备课组统一	4.11(0.667)	3.67(0.778)	5.00(0.000)	3.910	0.027	3>1,3>2,1>2
配套的练习册	4.50(1.056)	3.67(1.723)	5.00(0.000)	2.365	0.105	无
校本作业	3.64(1.268)	3.75(0.965)	4.50(0.707)	0.506	0.606	无
教科书习题	3.86(0.899)	3.25(1.138)	5.00(0.000)	3.625	0.034	3>1,3>2,1>2
自行编制作业	3.39(0.803)	3.67(1.073)	3.50(0.707)	0.459	0.635	无
其他教辅材料	2.86(1.073)	2.08(0.996)	2.00(0.000)	2.889	0.066	无
网络资源	3.42(0.937)	3.50(0.905)	3.00(1.414)	0.242	0.786	无

注：
① 表中列出了不同职称教师群体在各维度上的平均分，括号内为标准差。
② 在事后检验中，1、2、3 分别代表以下各组：小学一级、小学高级、中学高级。

因变量同上，以教龄为自变量，进行单因素方差分析，发现不同教龄的教师仅仅在选择其他教辅材料作为作业上具有显著差异，其中 4 到 10 年教龄的教师得分最高，其次是 3 年以下、11 到 20 年教龄的教师，21 年以上教龄的教师得分最低（见表 3-14）。

表 3-14　不同教龄教师在设计作业的来源上的差异情况

作业设计来源	3 年以下	4—10 年	11—20 年	21 年以上	F	p	事后检验
备课组统一	3.88(0.641)	4.12(0.666)	4.00(1.000)	4.00(0.632)	0.243	0.866	无
配套的练习册	4.88(0.354)	4.52(1.122)	3.64(1.567)	4.00(1.673)	2.029	0.123	无

（续表）

作业设计来源	3 年以下	4—10 年	11—20 年	21 年以上	F	p	事后检验
校本作业	3.50(1.690)	3.56(1.193)	4.09(0.944)	3.83(0.753)	0.604	0.616	无
教科书习题	3.88(0.641)	3.88(0.971)	3.64(1.286)	3.33(1.033)	0.558	0.645	无
自行编制作业	3.50(0.756)	3.56(0.821)	3.27(1.009)	3.33(1.033)	0.320	0.811	无
其他教辅材料	2.63(0.916)	3.00(1.118)	2.36(0.809)	1.67(0.422)	3.136	0.034	2>1，2>3，2>4，1>3，1>4，3>4
网络资源	3.50(1.069)	3.44(0.768)	3.45(1.128)	3.17(1.169)	0.169	0.917	无

注：
① 表中列出了不同教龄的教师群体在各观测点上的平均分，括号内为标准差。
② 在事后检验中，1、2、3、4 分别代表以下各组：3 年以下、4—10 年、11—20 年、21 年以上。

2. 教师对作业价值认同度的差异情况

以作业价值认同度为因变量，以教师的最后学历为自变量，进行独立样本 t 检验，可以发现，不同学历教师仅在增强学科的重视程度上存在极其显著差异，在其他观测点上无差异（见表 3-15）。

表 3-15　不同学历教师在作业价值认同度上的差异情况

作业价值认同度	本科	硕士研究生	T 值	P 值
提高学业成果	4.64(0.484)	4.80(0.447)	−0.686	0.496
增强学科的重视程度	4.47(0.588)	5.00(0.000)	−6.087	0.000
保持学习兴趣	4.09(0.900)	4.20(1.095)	−0.257	0.798
巩固课堂学习内容	4.69(0.468)	4.60(0.548)	0.397	0.693
培养良好的学习习惯	4.64(0.484)	4.60(0.548)	0.193	0.848
掌握良好的学习方法	4.60(0.495)	4.60(0.548)	0.000	1.000
培养合理安排时间能力	4.51(0.626)	4.40(0.894)	0.361	0.720

3. 教师作业设计能力的差异情况

以教师作业设计能力为因变量，以教师性别为自变量，进行独立样本 t 检验，发现男女教师仅在预先做题目、估计整体时间上存在显著差异，女教师得分高于男教师（见表 3-16）。

因变量同上，以教师的最后学历为自变量，进行独立样本 t 检验，发现不同学历教师在作业设计能力上均不存在显著差异（见表 3-17）。

表 3-16 不同性别教师在作业设计能力上的差异情况

作业设计能力	男	女	T 值	P 值
写作业总目标	3.17(1.169)	3.14(1.069)	0.064	0.949
预先做题目	3.83(1.169)	4.61(0.655)	−2.471	0.017
分析每道题对应的目标	3.00(1.265)	3.55(1.022)	−1.194	0.238
分析是否存在科学性的错误	3.67(1.033)	3.36(1.222)	0.579	0.566
判断每道作业题的难度	4.00(0.894)	4.14(0.702)	−0.433	0.667
估计每道题的时间	2.67(1.506)	4.16(0.834)	−2.379	0.059
明确每道题适合的学生	3.83(1.169)	3.91(0.884)	−0.190	0.850
估计作业整体难度	3.67(1.033)	4.14(0.878)	−1.205	0.234
估计整体时间	3.50(0.548)	4.34(0.745)	−2.657	0.011
调整作业题类型与数量	3.83(0.753)	3.91(0.772)	−0.226	0.822

表 3-17 不同学历教师在作业设计能力上的差异情况

作业设计能力	本科	硕士研究生	T 值	P 值
写作业总目标	3.20(1.057)	2.60(1.140)	1.196	0.238
预先做题目	4.58(0.690)	4.00(1.225)	1.635	0.109
分析每道题对应的目标	3.51(0.991)	3.20(1.643)	0.415	0.698
分析是否存在科学性的错误	3.42(1.196)	3.20(1.304)	0.391	0.698
判断每道作业题的难度	4.16(0.706)	3.80(0.837)	1.051	0.298
估计每道题的时间	4.07(0.939)	3.20(1.643)	1.159	0.307
明确每道题适合的学生	3.98(0.866)	3.20(1.095)	1.860	0.069
估计作业整体难度	4.11(0.910)	3.80(0.837)	0.730	0.469
估计整体时间	4.27(0.751)	4.00(1.000)	0.730	0.469
调整作业题类型与数量	3.91(0.763)	3.80(0.837)	0.306	0.761

(四)调查的结论与讨论

教师的作业设计能力、专业发展以及实践情况等总体处于中上水平,但还有提升空间,作业设计的来源还有待进一步拓展与丰富，对于作业价值的重视和认同度还有待提升。

教师在作业设计过程中仍然存在一定问题与困难，比如作业形式的多样性、丰富性和创意性不足，作业评价方式较为单一，缺乏相应的评价工具、操作指导等。

不同教师在作业设计过程中有着不同的需求，如关于作业设计策略、案例及理论知识学习需求，以及专业指导、专业支持需求等。

基于上述调查结论，从学校组织管理层面来看，需要深化有关作业设计的校本探究，提升专业支持，包括加强相关培训与指导、提供展示交流的平台与专业资源等；同时，须完善作业设计的相关制度，如专项奖励、设立专题项目或课题研究等。从教师专业发展维度上看，需要教师更新对作业设计的认识理解，创新作业设计方式方法，建构更为广阔的空间。

三、教师作业设计现状的质性研究

为进一步深入了解本校教师作业设计现状，以及在作业设计具体过程中的思考与理解、认识与态度、问题与需求等，我们开展了相关的质性研究。

（一）访谈提纲设计

在对教师作业设计现状开展问卷调查的基础上，本研究团队还采用“质”的研究方法，运用半结构式的访谈，扩展调研设计的广度和深度，以作为问卷调查的补充和解释，并用于进一步优化作业设计。在进行教师访谈之前，我们事先列出了需要探讨的关键问题（见表 3-18）。

表 3-18　教师访谈提纲

关键问题	设计意图
思维特征及策略	了解教师对于小学生的思维特点及提升学生思维的策略
作业类型和差异	了解教师对于不同作业类型的设计能力及差异化作业设计的观念
学生的成长	了解教师对于学生的思考力、学习力和创造力上的关注

本次访谈旨在从作业设计实践者的角度来审视教师的实践现状和思考以及在完成作业的过程中，学生的思考力、学习力和创造力等方面究竟收获了哪些成长。围绕访谈目标，我们将关键问题分解细化，包括：您对所教学生的思维基础（特点）了解吗？在设计作业中，您是否布置过口头、合作、动手实践或者预习、复习等不同类型的作业？您是否考虑设计一些弹性、分层和个性化作业？在具体实施过程中，您还存在哪些困难？您有哪些策略和途径可以促进学生的思维发展？作业设计优化后，学生在思考力、学习力和创造力上有哪些转变？

（二）访谈方式

我们随机选取参与调查中的 23 名教师进行了一对一访谈。访谈面向作业设计的具体实施者展开，旨在了解他们在实践过程中的真切体会与思考。这些教师作为研究共同体，曾参加过相关的学习培训和交流研讨，对学生作业设计有一定程度的了解和感悟。受访者基本信息见表 3-19。

表 3-19　受访者基本信息

受访者	教龄	学科背景
1	2	语文
2	16	音乐
3	4	英语
4	4	语文
5	7	数学
6	7	语文
7	24	英语
8	5	语文
9	15	体育
10	4	英语
11	2	数学
12	13	美术
13	3	劳动技术
14	4	信息科技
15	4	自然
16	4	英语
17	1	数学
18	2	英语
19	14	语文
20	4	数学
21	3	语文
21	3	数学
23	7	英语

本次访谈集中在 2023 年 5—6 月，提前将访谈问题发送给受访者方便他们准备。每名受访者的访谈时间约 30 分钟。

（三）访谈发现与思考

1. 教师眼中的学生思维特征

为便于分析，我们借助质性研究工具（NVivo 软件和词语云）对教师访谈记录进行了词频分析，从中可以发现关于本校学生思维特征的一些高频词，包括好奇心、依赖性、灵活性、批判性、逻辑性等（见图 3-3）。

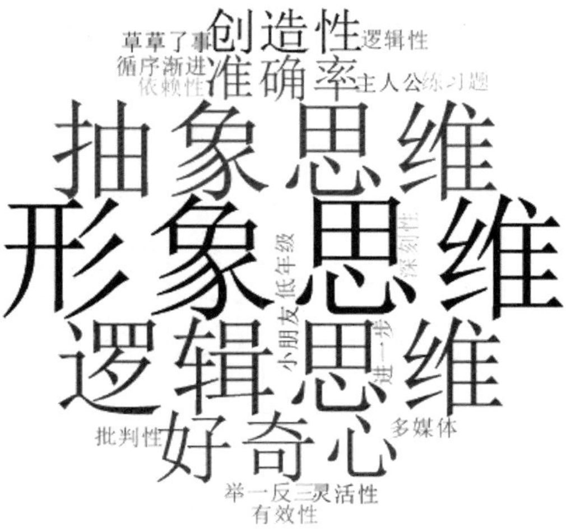

图 3-3　学生思维特征的词语云

结果显示，教师普遍了解自己所教学生的思维基础和阶段特征。低年级学生的思维特点是以形象思维为主。一年级学生对于直观的形象更为敏感，对于新奇、未知的事物富有极强的好奇心，乐于提问与探索，从生活中和玩耍中学到的知识掌握度更高。二年级学生的思维由具体形象思维慢慢向抽象思维过渡，能进行简单的判断，但是不能自觉地调节、控制自己的思维过程。他们做练习题和简单的判断题、抄写题准确率较高，而做阅读理解题或语法题的准确率较低。如提问为“你觉得影响物体下落速度的快慢和什么有关”，学生可能无法回答。如果将物体换为具体事物，如乒乓球和足球，提问“两者同一高度下落谁会先落下”，学生则可进行一定的推测与类比进行简单的概括和推理。

高年级学生的认知水平已经发展到具体运算阶段，具备了抽象思维能力，能对比较复杂的问题进行分析，并用符号和图形表达出来。比如，四年级学生热爱冒险，喜欢多样的竞赛活动。在学习诗歌单元后，有教师布置作业“请自己创造一首诗歌”，结果学生兴趣不大，将作业更改为“请小组合作完成一首诗歌创造”，并举行诗歌朗诵比赛，角逐“最佳创作奖”，学生的热情立马被点燃，很快投入创作，并在诗歌比赛中展现了创新的表现形式。

访谈过程中也不难发现，学生之间的思维基础差异性较大。有的擅长形象思维，有的擅长抽象思维；有的善于逻辑思维，有的善于直觉思维。学习风格方面，有的是听觉学习者，有的是视觉学习者。

A 老师：在我所执教的学生中，思维较为活跃、会主动思考并进行探究的是极个别的学生。大部分学生需要教师逐步引导。还有极个别程度较差的学生不喜欢动脑思考。

B 老师：班级里的部分学生思维能力强，可以很快理解课堂知识点并灵活运用，而有些学生思维能力较弱，在完成应用题方面有待提高，无法分析题目中的有效条件。

C 老师：班里大部分学生停留在低阶思维层面，小部分学生能有创新性的高阶思维，极个别学生有辩证思维能力，可以举一反三，能够深入挖掘思考课文的深层次主题意义。

访谈也发现，尽管学生具有一定的逻辑思维能力、批判性思维能力，但是创新性思维能力依然比较缺乏；尽管他们对于新鲜事物有强烈的好奇心，有钻研精神，但缺乏钻研方法，且有畏难情绪。比如，要小朋友自行设计游戏，刚开始他们情绪高涨，但随着研究的深入发现并没有想象中那么简单,就容易放弃或者草草了事。又如,他们能够就一件事给出自己的客观评价,但大部分学生经常局限在课本上出现的内容。有老师说道:在课堂上常有孩子向我询问后续的操作步骤,而不是通过自主思考探究来解决问题,孩子们目前更倾向于比较低阶的思维方式,包括模仿、记背等。

2. 教师设计作业的类型

问题:在设计作业中,您是否布置过口头、合作、动手实践等不同类型的作业?

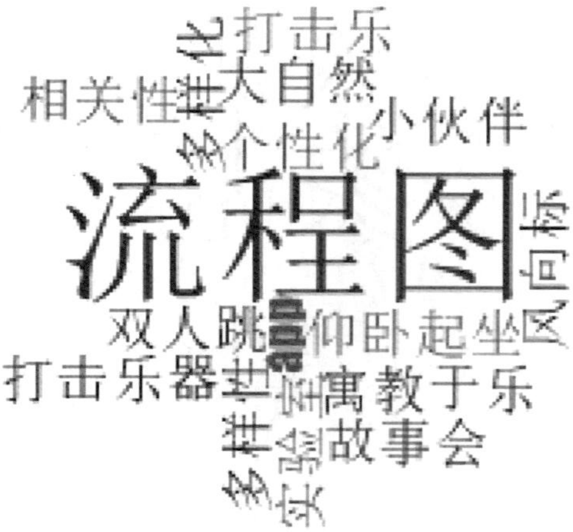

图 3-4　教师布置的作业类型词语云

受访者纷纷表示在设计作业时一直关注形式的多样化,并呈现了各自的实践智慧,包括课前调查、口头作文、合作表演课本剧以及制作英语小报、自制小小打击乐器等动手实践类作业(见图 3-4)。

调查发现,低年级学生平日多为口头作业。例如,针对二年级《坐井观天》一课布置了'基于课文内容续编故事'的口头作业;音乐老师要求根据所学乐器词汇介绍新音乐技能并与同伴合作完成乐器的设计和制作;体育老师让学生在家与父母玩双人跳短绳、两人三足、炒黄豆等亲子游戏。

3. 作业设计的分层情况

问题:在设计作业中,您是否考虑设计一些弹性、分层和个性化作业?

受访教师纷纷表示肯定。比如低年级的老师布置闯关作业,鼓励学生逐步挑战难度,从基础到高阶,不同层次的学生可以根据自身的学情选择挑战;劳技老师要求所有学生完成课堂基础作品后,再进行使用、调试,并对作品改良;音乐老师提出动手能力强的学生可以发掘身边的新兴事物,来改造成自己需要的乐器(见图 3-5)。

问题:在具体的实施过程中,您还存在哪些困难?

老师们遇到的问题各不相同,比如学生准备时间不够充分、兴趣度不够、创新意识不足、完成质量不高以及缺乏作业评价工具、家长对分层作业存在误解等。

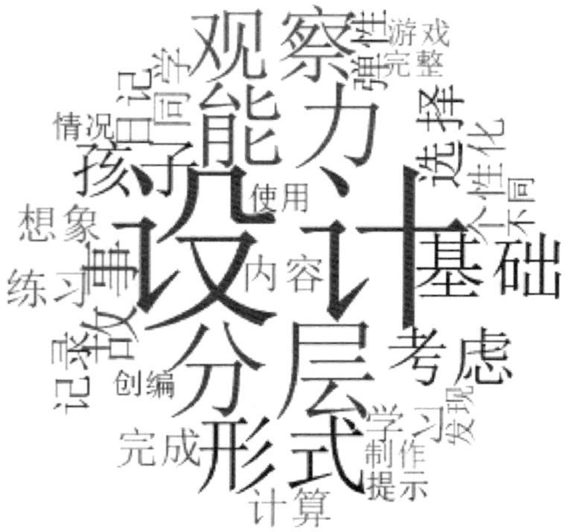

图 3-5　关于弹性、分层、个性化作业设计的词语云

A 老师:由于工作较为繁忙,分配给设计个性化作业的时间较少,且现存的与教材匹配的个性化作业设计的样例比较少,希望能在拥有更多参考,以便结合班情适当创新,提高工作效率。

B 老师:在设计分层作业后,有些处于中游的学生会给自己"降级",他们宁愿选择层次较低，难度较小的板块，也不愿意尝试去突破自己。如何让每个学生都愿意突破自己，挑战自己是一个问题。

C 老师：在实施的过程中，对学生的学情分析可能并不全面，而在一些个性化作业中，不同的学生会展示出不同方面的能力，如制作作业，有的学生有一定的设计能力但在动手能力方面较弱，有的则相反，但对于学生的具体学情和能力方面可能要在具体的作业完成之后才能更好地判断和评价。因此如何更全面地进行分层评价设计需要更多思考与完善（见图 3-6）。

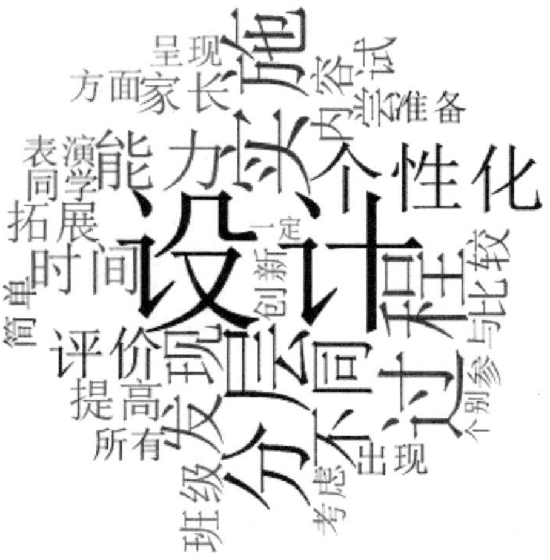

图 3-6　关于实施困难的词语云

4. 促进学生思维发展的策略

问题：在作业设计中，您有哪些策略和途径可以促进学生的思维发展？

教师呈现了各自的思路，包括情景创设、引导探究合作、鼓励动手实践、设计问题链、绘画流程图、开展过程性评价、迁移运用与互动等。

A 老师：更好地创设情境，联系生活实际，对于激发学生的学习兴趣以及帮助学生更好地进行知识迁移十分重要。如低年级课中水从高处往低处流，在作业设计中解决公园滑滑梯的积水问题，不仅能使学生对作业产生兴趣，也能帮助学生从小培养通过科学知识解决问题的能力。

图 3-7　教师促进学生思维发展的策略词语云

B 老师：可以通过基于单元主题的相关歌曲视频或者绘本来丰富与刺激学生的学习体验，开拓学生的思维，完成作业之前指导孩子上网或者阅读书籍搜索相关信息，促进学生多维的思维发展。

C 老师：要促进学生的思维发展，最重要的是要让学生真正成为课堂的主体，老师讲授得越多，学生的思想越禁锢。教师可以使用问题链的方式促进学生的学，通过问题来引导学生思考，同时大胆放手给学生尝试、实践（见图 3-7）。

5. 学生思维的发展情况

问题：学生在思考力、学习力和创造力上有哪些转变？

受访者普遍表示通过作业设计的优化，不仅能提升学生的学习兴趣，驱动学生主动投入学习之中，还能提升学生的思维品质，从而愿意尝试从不同的角度思考，用不同的方法解决问题，自主学习能力随之增强，创新能力也得到有效提高。

A 老师：在模仿风声的探索作业中，学生原先只能想到用嘴巴模仿"呼呼呼～"的音效，个别学生能通过身边的物品思考尝试得出对着空瓶子吹气能模仿风声。在情境创设的故事引导后才有学生提出可以通过对空瓶吹气的不同力度来调控，模仿不同强弱的风，这便是思考力提升的表现之一。

B老师：以《鸟的天堂》为例，在思维导图的引导下，学生能积极思考，厘清作者的表达顺序，明确其描写方法，初步感受静态描写和动态描写；还能沉浸式阅读文本，感受“鸟的天堂”傍晚的静谧和早晨的热闹，体会到作者对大自然的歌颂，对生命的热爱与赞美，并用个性化的朗读来表达自己的阅读体会。

C老师：在学习了解到各种计时工具时，有学生产生了疑问“古中国有哪些计时工具”？于是就用了多样的方法查阅资料，根据自己的喜好和理解，制作了一张古中国计时发展史的海报。学生在这个过程中，产生了自己的疑问，并寻找答案，用自己喜欢的方式将成果以小报形式展现出来，展示出自主学习力和创造力（见图3-8）。

图3-8　学生思维发展情况的词语云

第二节　学生作业现状调查

一、学生作业现状调查问卷的编制

为更好地了解本校学生对作业的认识理解、作业的价值感受以及作业的需求，我们学习借鉴上海教育委员会编制的关于作业设计的学生问卷，包括作业功能理解和作业设计质量两个量表，开发本校学生作业现状的调查问卷。

（一）学生问卷的编制

最终编制完成的学生问卷共计27道题，包括个人基本信息、作业质量感知、作业价值感受、作业的现状调查、开放题。具体的调查内容分布情况见表3-20。

表3-20　学生问卷的调查内容分布情况

考查内容	题号	设计意图
个人基本信息	1—6	了解学生的性别、年级、学业水平等基本信息
作业质量感知	7—13	从解释性、科学性、难度、时间、选择性、多样性六方面评价质量
作业价值感受	14—20	从学生角度验证作业功能的实现情况，对应教师问卷的作业观念
作业现状调查	21—26	了解作业时间、作业量、作业质量、学业成绩的变化情况
开放题	27	你对学校的作业布置有什么建议？

（二）调查样本的确定

在学生问卷编制完成之后，我们分层选取本校二至五年级各班学号为10号、20号和30号的学生，作为学生作业现状调查的对象，共发放125份问卷，回收的有效问卷为123份。我们在调查问卷中记录了学生的一些基本信息，包括性别、就读年级和学业成果情况，具体情况统计见表3-21。

表3-21　学生基本信息一览表

变量		人数	百分比
性别	男	69	56.1%
	女	54	43.9%

（续表）

变量		人数	百分比
就读年级	二年级	30	24.4%
	三年级	29	23.6%
	四年级	24	19.5%
	五年级	40	32.5%
学业成果	优秀	63	51.2%
	良好	50	40.7%
	合格	9	7.3%
	需努力	1	0.8%

二、学生作业现状的问卷调查

（一）学生问卷调查的实施过程

从 2022 年 11 月起，我们开始进行学生作业现状的调查研究，具体的实施步骤与时间安排见表 3-22。

表 3-22 学生问卷调查的实施过程

时间	实施步骤
2022 年 11 月—2022 年 12 月	学生作业现状调查问卷编制 问卷信度及效度预测试
2023 年 3 月—2023 年 4 月	学生作业现状调查问卷发放及回收
2023 年 4 月—2023 年 5 月	学生作业现状调查问卷数据统计分析
2023 年 6 月—2023 年 7 月	学生作业现状调研报告撰写

（二）学生问卷调查的总体情况

1. 对作业质量的看法

结果显示，得分最高的是能理解多数作业题的要求，其次是作业与教学内容联系紧密，而得分相对较低的是作业具有选择性（见表 3-23）。

2. 对作业价值的感受

得分最高的是作业帮助我及时巩固课堂学习内容，得分最低的是作业帮助我保持学习兴趣（见表 3-24）。

表 3-23　学生对作业质量的看法

	作业与教学内容联系紧密	能理解作业题的要求	作业整体难度适中	作业的类型比较丰富	作业的作业量适中	作业具有选择性	作业题目都很有必要
平均值	4.46	4.54	4.39	4.46	4.44	3.86	4.34
标准偏差	0.692	0.605	0.743	0.692	0.726	1.155	0.838
最小值	2	3	2	2	2	1	2
最大值	5	5	5	5	5	5	5

表 3-24　学生关于作业价值的感受

	提高学业成果	增强学科重视程度	保持学习兴趣	巩固课堂学习内容	培养学习习惯	掌握良好的学习方法	培养合理安排时间能力
平均值	4.49	4.34	4.17	4.58	4.46	4.39	4.31
标准偏差	0.645	0.787	0.930	0.614	0.681	0.720	0.811
最小值	2	2	1	2	2	2	1
最大值	5	5	5	5	5	5	5

3. “双减”背景下的作业现状

自“双减”出台以来，学生完成每天作业所需时间多为 30 分钟以内，只有极个别学生需要用到 60 分钟及以上(见表 3-25)。

表 3-25　完成每天作业所需时间

		频率	百分比	有效百分比	累积百分比
有效	A. 30 分钟以内	46	37.4	37.4	37.4
	B. 30 到 45 分钟	38	30.9	30.9	68.3
	C. 45 到 60 分钟	28	22.8	22.8	91.1
	D. 60—90 分钟	5	4.1	4.1	95.1
	E. 90 分钟以上	6	4.9	4.9	100.0
	总计	123	100.0	100.0	

从作业在校完成情况来看，多数学生表示大部分可以在学校完成(见表 3-26)。

表 3-26　作业在校完成情况

		频率	百分比	有效百分比	累积百分比
有效	A. 在学校可以全部完成	36	29.3	29.3	29.3
	B. 大部分可以在学校完成	83	67.5	67.5	96.7
	C. 大部分不能在学校完成或完全不能在学校完成	4	3.3	3.3	100.0
	总计	123	100.0	100.0	

从作业时间的变化情况来看，多数学生表示没有太大变化或作业时间变短，只有极少数学生表示作业时间变长(见表 3-27)。

表 3-27　作业时间的变化情况

		频率	百分比	有效百分比	累积百分比
有效	A. 作业时间变长	4	3.3	3.3	3.3
	B. 没有太大变化	66	53.7	53.7	56.9
	C. 作业时间变短	53	43.1	43.1	100.0
	总计	123	100.0	100.0	

图 3-9　学生对作业布置的建议词语云

4. 对作业布置的建议

在本次问卷设置了开放题“你对作业的布置有什么建议”，共 94 人次回答。通过词频分析发现了丰富、有趣、拓展、选择、适中等高频词(见图 3-9)。大部分学生表示希望作业变得更有趣、更丰富、更有挑战性一些，也有学生提到希望书面作业少一点，还有一些学生提出希望自己对作业能更有选择权等建议。

三、学生问卷调查的差异分析

(一) 学生对作业质量看法的差异情况

以学生对作业质量的看法为因变量，以学生所在年级为自变量，进行单因素方差分析，发现不同年级的学生在部分观测点上具有显著差异。关于作业与当天教学内容联系紧密度、对多数作业题要求的理解以及作业整体难度适中情况，四年级学生的评分最高，二年级最低；关于作业类型的丰富情况，四年级学生的评分最高，五年级最低（见表 3-28）。

表 3-28　不同年级学生对作业质量看法的差异情况

作业质量看法	二年级	三年级	四年级	五年级	F	p	事后检验
每课时作业与当天教学内容联系紧密	4.17(0.699)	4.28(0.841)	4.75(0.532)	4.63(0.540)	5.104	0.002	3>1，3>2，3>4，4>1，4>2，2>1
我能理解作业中多数作业题的要求	4.30(0.596)	4.52(0.688)	4.88(0.338)	4.53(0.599)	4.391	0.006	3>1，3>2，3>4，4>1，4>2，2>1
作业整体难度适中	4.10(0.803)	4.28(0.797)	4.83(0.482)	4.43(0.675)	5.103	0.002	3>1，3>2，3>4，4>1，4>2，2>1
作业类型比较丰富	4.37(0.718)	4.52(0.634)	4.79(0.415)	4.28(0.784)	3.196	0.026	3>1，3>2，3>4，2>4，2>1，1>4
每次作业的作业量适中	4.20(0.714)	4.41(0.825)	4.71(0.550)	4.47(0.716)	2.301	0.081	无
每次的作业具有选择性，有提供选做的题目	4.07(0.980)	3.97(1.052)	4.13(1.076)	3.48(1.320)	2.383	0.073	无
作业中的题目都很有必要	4.13(0.937)	4.38(0.820)	4.54(0.884)	4.35(0.736)	1.097	0.353	无

注：
① 表中列出了不同年级的学生在各观测点上的平均分，括号内为标准差。
② 在事后检验中，1、2、3、4 分别代表以下各组：二年级、三年级、四年级、五年级。

（二）学生对作业价值感受的差异情况

以学生对作业价值的感受为因变量，以学生所在年级为自变量，进行单因素方差分析，发现不同年级的学生仅在学会合理安排时间方面存在显著差异，得分从高到低分别是四年级学生、五年级学生、三年级学生、二年级学生（见表 3-29）。

表 3-29　不同年级学生对作业价值感受的差异情况

作业价值感受	二年级	三年级	四年级	五年级	F	p	事后检验
提高学业成果	4.27(0.785)	4.62(0.561)	4.58(0.584)	4.50(0.599)	1.802	0.151	无
增强学科的重视程度	4.20(0.925)	4.41(0.780)	4.67(0.565)	4.20(0.758)	2.267	0.084	无

（续表）

作业价值感受	二年级	三年级	四年级	五年级	F	p	事后检验
提高对学科的学习兴趣	3.87(1.074)	4.28(0.882)	4.38(0.970)	4.20(0.791)	1.617	0.189	无
巩固课堂学习内容	4.50(0.630)	4.55(0.686)	4.71(0.464)	4.58(0.636)	0.533	0.660	无
培养良好的学习习惯	4.53(0.629)	4.45(0.783)	4.50(0.590)	4.40(0.709)	0.244	0.865	无
改善了良好的学习方法	4.23(0.774)	4.38(0.775)	4.58(0.654)	4.40(0.672)	1.056	0.371	无
学会合理安排时间	3.90(1.029)	4.41(0.780)	4.50(0.590)	4.43(0.675)	3.643	0.015	3>1，3>2，3>4，4>1，4>2，2>1

（三）调查的结论与讨论

调查发现，在学生的眼中，作业质量总体处于中上水平，不足之处包括：作业之于学生保持学习兴趣的帮助还有待提升，作业的选择性未能达到学生期望的水平等。多数学生希望作业能够变得更有趣、更丰富、更有创意、更有挑战性，希望书面作业减少、自己对作业更有选择权等。

基于此，教师需要进一步完善学生作业的差异化设计，满足个性化需求，让每个学生都能在适合自己的作业中深度思考、深度学习，助力学生思维发展。学生则需要积极思考探究、勇于接受挑战、学会创新创造，在完成作业的过程中探索学习奥秘、感悟学习乐趣。

四、学生作业现状的质性研究

为了进一步深入了解本校学生作业的现状，了解学生在完成作业过程中的思考与认识、困难与解决能力、收获与成长，我们需要开展相关的质性研究。

（一）访谈提纲的设计

在对学生作业现状开展问卷调查的基础上，本研究团队还采用“质”的研究方法，运用半结构式的访谈，扩展学生调研设计的广度和深度，以作为学生问卷调查的补充和解释。在进行学生访谈之前，我们同样事先列出了需要调查了解的关键问题（见表3-30）。

表3-30　学生访谈提纲

关键问题	设计意图
思考与认识	了解学生对于作业目的、类型、难度、时间及内容上的感受
困难与解决能力	了解学生面对作业中的困难时的态度及解决的策略
收获与成长	了解学生在思考力、学习力和创造力上的收获和成长

围绕访谈目标，我们又将关键问题分解细化为：你觉得什么是作业，作业的目的是什么？你对现在的作业类型、难度、时间、内容有哪些感受？你在完成作业（任务）的过程中，是否遇到过困难？当你遇到困难时，你是怎么解决的？你曾经参与过哪些有创意的活动和任务？完成过哪些作品？你觉得自己在思考力、学习力和创造力上，有哪些收获和成长？

（二）访谈过程与方法

1. 访谈对象

在分层选取本校二至五年级 125 名小学生作为问卷调查对象的基础上，我们又对其中的三、四、五年级共 18 名学生（覆盖不同性别、不同学业水平、不同班级、不同年级）进行深入访谈，了解他们在完成作业过程中的思考体会及成长收获。

2. 访谈方法

本次访谈利用休息时间，采用一对一的半结构式访谈。

3. 访谈时间

访谈于 2023 年 6 月进行。

（三）访谈发现与思考

1. 学生对作业的认识

问题：你觉得什么是作业，作业的目的是什么？

不同学生对其认识与理解不同。例如，作业是课后学习任务，目的是让学生收获更多的知识；作业是一种复习工具，目的是检查学生课堂学习情况；作业应该分为体力作业和脑力作业，体力作业的目的是强身健体，而脑力作业是为了让我们预习知识或者复习知识，以便更有效地学习（见图 3-10）。

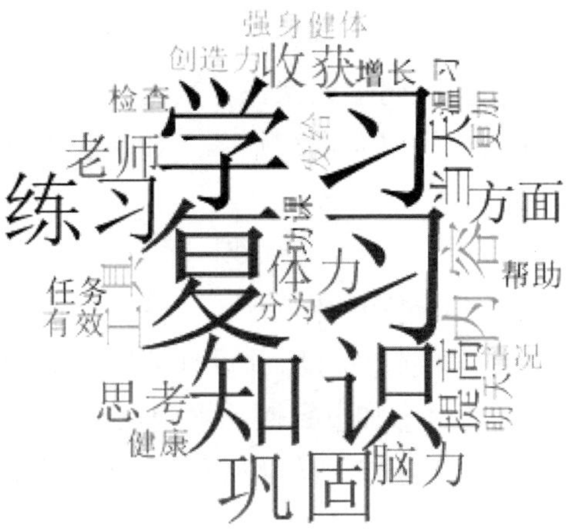

图 3-10　学生对作业认识与理解的词语云

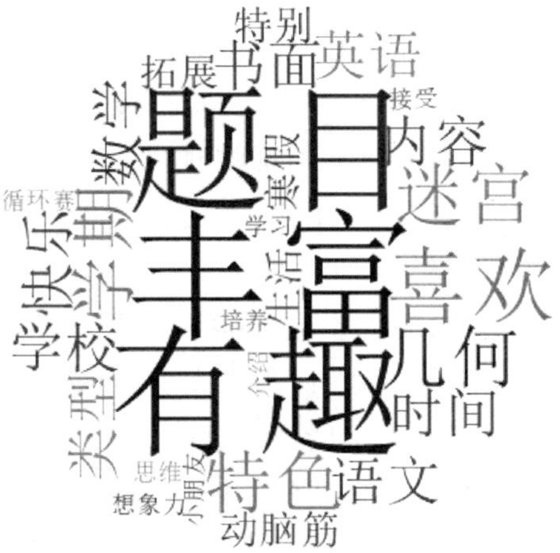

图 3-11　学生对作业感受的词语云

2. 学生对作业的感受

问题：你对现在的作业类型、难度、时间、内容有哪些感受？

受访者普遍表示作业类型是丰富的、内容是有趣的，在时间上也是可以接受的，而难度在慢慢提高（见图 3-11）。

3. 完成作业遇到的困难

问题：你在完成作业(任务)的过程中，是否遇到过困难?

受访学生普遍表示遇到过困难。例如，语文阅读理解总会问“你知道了什么道理，有什么启示?”联系生活去写一些，我总是写不上来；在英语戏剧社团练习背台词的时候总是会忘记台词；我在画画的时候总是不知道先画一些什么(见图 3-12)。

图 3-12　完成作业时的困难词语云

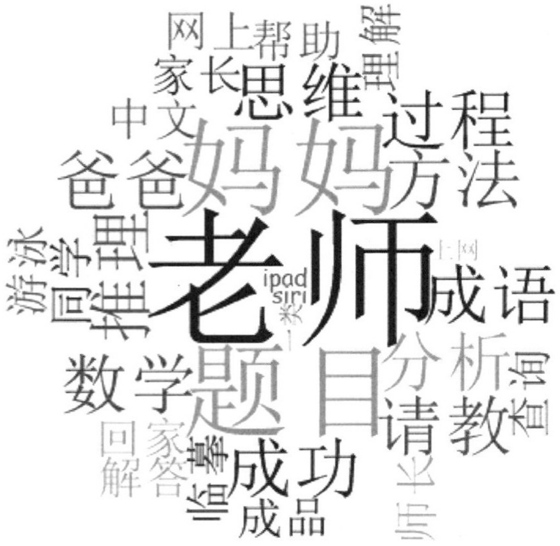

图 3-13　解决困难的方式方法词语云

4. 解决困难的方式方法

问题：当你遇到困难时，你是怎么解决的?

受访学生给出不同的答案。例如，有时会有一些数学题目不会做，我就会翻翻数学书，看看上面的知识点，如果还是没有理解，我就会去问老师、同学或家长。当我在完成美术作业的过程中遇到一些困难时，我可能会先在网上查询一些成品进行临摹。如果我不会英文单词，回家可以先搜中文，问我的小助手 Siri(见图 3-13)。

5. 学生的收获与成长

问题：你曾经参与过哪些有创意的活动或任务，完成过哪些作品?

多数同学表示自己独立完成或参与合作完成了一些创意活动，并设计或制作完成了作品。例如，曾经在 DI 社团里面做过一架会飞的飞机；曾经参加过暑期美术创意小组的活动，完成了《星辰大海》《我的梦》等三幅作品，有两幅作品曾在学校大队部展示；参加劳技课设计航天服活动，最后小组合作成功设计并做成了航天服(见图 3-14)。

此外，就学生在思考力、学习力和创造力上的提升而言，多数学生都有成长和收获。比如经过劳技课一次次的制作练习，动手能力提升；在美术课中的创造力变强了，有很多灵感，可以画很多东西(见图 3-15)。

图 3-14　创意活动或作品的词语云

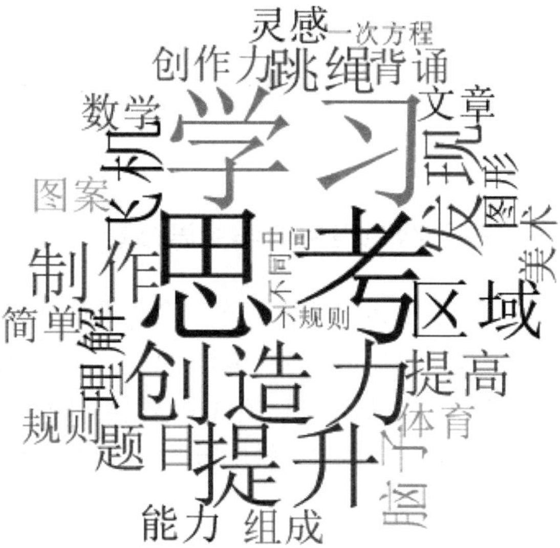

图 3-15　思考力、学习力和创造力提升的词语云

第三节　学生思维现状调查

一、基于绿色指标的学生思维现状分析

（一）绿色指标解读关注学生高层次思维能力发展

“绿色指标 2.0”评价内容是针对基础教育中亟待解决的问题提出的，指向学生健康成长的关键因素。绿色指标项目中高层次思维能力的测量，以学科内容为载体，从理解、应用、分析、评价和创造能力等维度来编制试题进行考查。其指数分为 9 级，指数越高，表示高层次思维能力越强。

（二）绿色指标中的学生高层次思维能力的现状分析

2016 年本校四年级学生的高层次思维能力低于静安区平均水平。从 2016 年至 2022 年，本校在绿色指标中的高层次思维能力指数逐步增长，跟随静安区的高层次能力的发展趋势，持续向上，2022 年达到静安区平均水平（见图 3-16）。

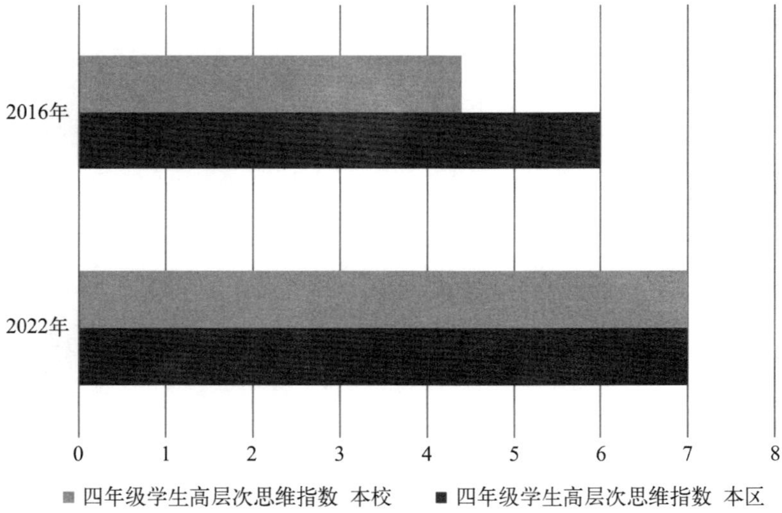

图 3-16　2016 年、2022 年绿色指标区校对比

2016 年绿色指标中高层次能力指数主要以语文和数学两门学科为主要依据，本校学生的语文高层次思维能力指数为 5，与静安区的指数持平，数学高层次思维能力指数为 5，低于静安区的指数 6（见图 3-17）。

2022 年绿色指标中高层次能力指数主要以语文、数学科学、艺术四门学科为主要依据。本校学生在语文、数学、科学三门学科的高层次思维能力指数为 7，与静安区指数持平，艺术学科体现的高层次思维能力指数达到 8（见图 3-18）。说明我校学生在艺术学科上更有优势。

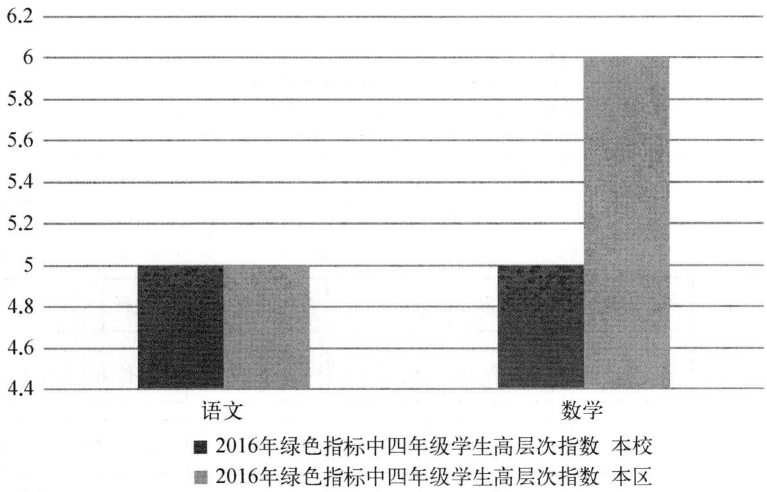

图 3-17 2016 语文、数学学科绿色指标区、校对比

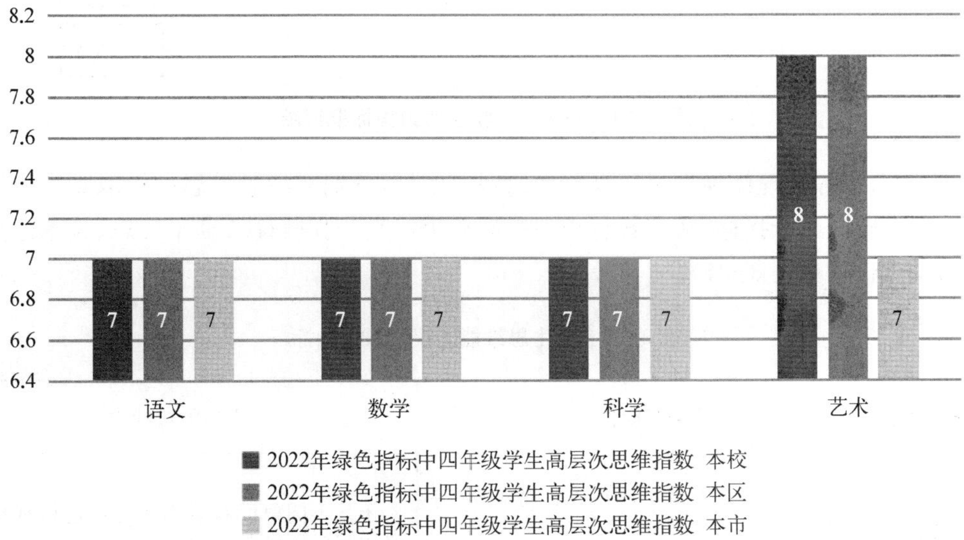

图 3-18 2022 年绿色指标市、区、校对比

二、基于活力指标的学生思维现状分析

（一）活力指标解读

静安区“小学生活力发展评价指标 3.0”和“活力发展校本保障关键指标”，旨在引导学校、教师、家长等多元教育主体尊重学生成长规律，传播低功利、重内驱的价值导向，推动各方树立正确的、理性的、科学的教育评价观。

（二）基于活力指标提取思维观察指标

静安区“小学生活力发展评价指标 3.0”包含三个一级指标：活学善思、乐群悦纳、存智慧动(见图 3-19)。在一级指标下分别细化为二级指标和参考的三级指标及不同年级段的观察点示例。

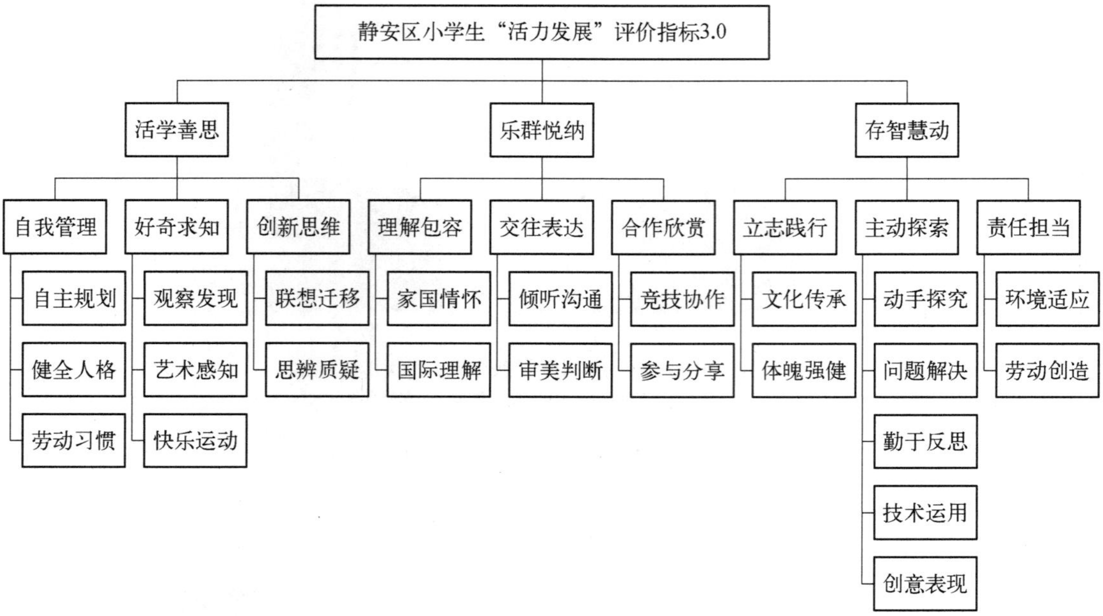

图 3-19 静安区小学生活力指标框架图

基于活力指标梳理体现学生思维能力的观察指标,分别从活学善思中提取观察发现、联想迁移、思辨质疑三个指标,从存智慧动中提取动手探究、问题解决、勤于反思、技术运用、创意表现五个指标(见表 3-31)。

表 3-31 学生思维能力观察八大指标

思维观察点	低学段能力	中高学段能力
观察发现	对事物或现象试着从不同角度进行观察,寻找事物的特征,尝试发现规律;拥有对未知领域的好奇心及学习动机,对已知领域具有探索精神	善于从不同角度对事物或现象进行观察,积极进行理性思考,有总结规律的意识;遇到问题与困难不惧怕、不放弃,始终拥有探索精神
联想迁移	根据观察到的事物或现象展开合理想象,尝试从新旧知识、课内与课外等角度入手,学会比较、发现异同、建立联系	根据观察到的事物或现象进行发散性思考,综合运用已有认知获取新知识;能够在联想迁移的过程中把握一定的规律,使之形成解决问题的有效策略与手段
思辨质疑	学会从日常生活中发现和提出的问题,产生求疑的愿望;在理解他人想法的同时尝试学会简单的梳理提炼方法,并提出自己的观点	善于从日常生活中发现和提出问题,勇于质疑,能从新角度、多维度、辩证性地分析问题,做出选择和决定,具有一定的批判性思维和创新思维

（续表）

思维观察点	低学段能力	中高学段能力
动手探究	学会动手，积极尝试，能够掌握多种信息获取和资源处理的使用方法	乐于动手，大胆尝试，熟练掌握多种探究工具，及时调整方法、优化策略
问题解决	依据学科学习经验，初步形成解决问题的习惯与思路；初步掌握分析问题和解决问题的一些基本方法，知道同一个问题可以有不同的解决方法	收集有用的信息，综合运用学科知识，大胆尝试，积极主动运用多种方式分析问题，形成多种有效的问题解决方法
勤于反思	能对任务完成情况进行简单的回顾和评价，具有对自己学习过程进行审视的意识和习惯	善于从任务中总结经验与不足，具有评价与反思的能力；能够根据不同情境和自身实际，调整学习策略，优化解决问题的方法
技术运用	掌握最基本的信息技术基本知识与技能；培养收集信息、整理信息的基本能力；尝试适应合作学习的一般方式；能在符合一定的道德规范要求下表达自己的想法	在掌握基本信息技术能力的基础上，培养处理信息、利用信息的高阶能力；能通过合作、探究的形式尝试解决一般问题；了解人工智能等新兴技术的发展趋势和未来发展方向
创意表现	乐于联想与想象，有较强的艺术表现愿望；大胆运用多样的艺术手段表现自己的创意和观点；积极参加艺术类的创意实践活动	能够有创新意识和创意表达能力，能依据自己的个性和喜好；积极进行艺术实践和探索，创作具有个人风格的艺术作品，体验创意的愉悦与成功感

（三）基于思维观察指标分析学生思维现状

2021 年本校二至四年级学生参与了静安区活力指标分析。二年级学生在观察发现和创意表现的思维能力上较高，在解决问题的思维能力上较低，在联想迁移、思辨质疑、技术运用三个观察点上表现比较均衡（见图 3-20）。

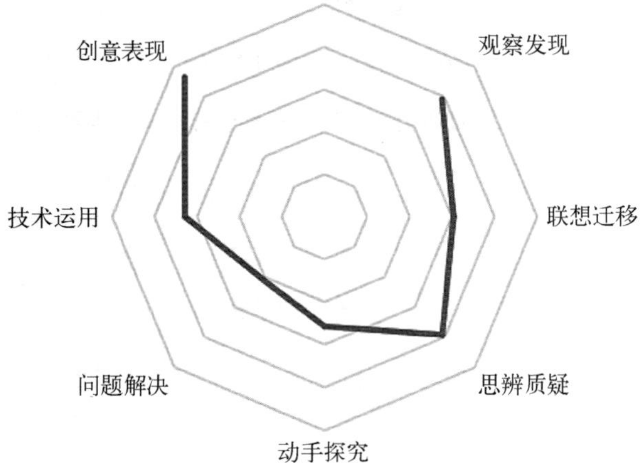

图 3-20　2021 年活力指标二年级学生思维观察点雷达图

三年级学生在观察发现和技术运用表现上较弱，在勤于反思和问题解决上表现较好，在创意表现、思辨质疑和联想迁移上相对均衡（见图 3-21）。

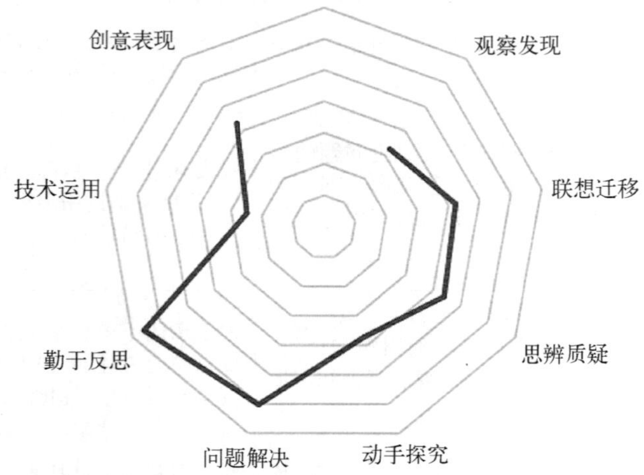

图 3-21　2021 年活力指标三年级学生思维观察点雷达图

四年级的学生在观察发现和技术运用的表现上比较弱，在其他五个方面表现水平比较均衡（见图 3-22）。

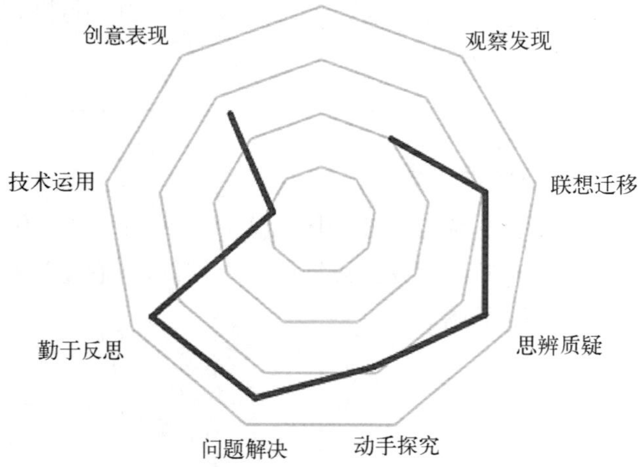

图 3-22　2021 年活力指标四年级学生思维观察点雷达图

◆

第四章

◆

探寻中转变：
激发一番思考延伸的意境

导　言

积极的情感能够刺激学生的中枢神经，增进脑细胞的活力，让“记忆仓库”涌现出多种表象，激发丰富的新异联想，进而形成主动追求、思考、探索的良好氛围。

灵动二中心的作业改革从情境化、游戏化、创意化三个方向着力引发学生积极的情感，提质控量增效，激发思考、培育思维，让作业成为学生自主学习的过程，也成为扎扎实实提高学校教育内涵的重要路径。

兴趣是点燃学习热情的火花，也是激发情感、维持情感发展的关键。在培养小学生的思维能力时，应当首先关注并引导他们的兴趣。教师在设计作业时应充分考虑学生的年龄特征和生活经验，给枯燥的作业创设情境与活动，使学生形成在快乐中做与学的良性循环。

第一节　作业情境化

教育紧密地将学习与学生的真实生活相联系是至关重要的。教师应当从学生熟悉的生活环境和他们感兴趣的事物着手，为他们创造亲身实践的机会。

我们将缺乏生活气息的题材改编为生动活泼的题目，以此来增强学生的思维活跃度和解决问题的主动性。

案例 4-1 ①

情境趣味同步走　复习巩固新路径

——以“ie üe er”一课作业设计为例

一、设计意图

拼音练习学习活动的设计，应在正确拼读音节的基础上，其核心就是通过拼一拼、找一找、读一读、说一说的实践活动中，开展语言实践的探索。

现代教学强调以学生的直接经验为基础，要将学生的需要、动机和兴趣置于核心地位，鼓励学生自主选择，突出主体作用、彰显自主合作、探究的学习方式。

练习活动强调体验性，一是从问题的产生到解决，再现知识的发生过程和思维展开过程；二是关注活动内容，如本课利用教材中的海岛月夜情境试图与学生生活对接，让学生原有的经验、认知与新鲜经验对接，从而提升表达能力；三是学生在活动中逐步掌握发现、分析和解决问题的方法，让音节更有意象。

二、学情分析

在开展作业设计前，笔者采用问卷调查的形式对本班学生开展了学情分析（见表 4-1）。数据显示，学生都认为汉语拼音学习十分重要，学习态度十分端正。超过半数的孩子接触过汉语拼音；一半的学生都喜欢运用游戏法开展拼音学习或练习；11%的学生具备较强的语言表达能力和创造力；大多数学生常常采用拼读练习的形式进行拼音复习。通过数据分析，不难看出学生学习拼音的起点并不相同，作业设计可利用图文并茂的分层设计，注重情境化、活动化、游戏化。

---

① 本案例由张觐文老师提供。

表 4-1　灵动二中心学生拼音学习情况问卷调查分析

调查内容	你认为学习汉语拼音是否重要			是否在学前学习过汉语拼音		你认为学习汉语拼音有趣吗？			你对老师哪种拼音教学方法最感兴趣？				你常用的复习汉语拼音的方式？		
调查选项	很重要	一般	不重要	是	否	非常有趣	一般	很无趣	讲授法	练习法	游戏法	故事法	边听边读	拼读练习	利用生活场景运用复习
频数	36	0	0	20	16	27	8	1	9	5	18	4	12	20	6
百分比	100%	0%	0%	56%	44%	75%	22%	2.8%	25%	13.9%	50%	11%	33%	56%	12%

三、作业目标

基于单元教学目标，结合学情，笔者对本课的作业目标进行细化和分层。

- 认记复韵母 ie、üe、er，熟练掌握整体认读音节 ye、yue 与 er 的四声。
- 掌握声母与 ie、üe 的拼读方法，熟练拼读声母和复韵母 ie、üe 组成的音节。
- 能借助情境图，将音节词语与事物相联系。
- 能借助情境图，创编一个情境故事。

四、作业呈现

“ie üe er”闯关练习任务单

〖第一关〗拼拼乐

复韵母、ie、üe、er，整体认读音节 ye、yue 就蕴含于课文的这幅图片中（见图 4-1）。请你赶紧来拼一拼，在图中找到这些事物吧！

图 4-1　课文图片

〖第二关〗探索乐

请你再仔细观察上面的图片，找找还有哪些事物的音节词语也蕴含着复韵母 ie、üe、er，整体认读音节 ye、yue 呢？请你和小伙伴一起找一找，看看谁的眼睛亮。

【同伴评价表(见表 4-2)】

表 4-2　同伴评价表

评价等第			
评价标准(找到音节词数量)	≥5 个	3—4 个	1—2 个
评价打√			

〖第三关〗说说乐

同学们，恭喜你来到第三关！请你将“拼拼乐”和“探索乐”中发现的音节词送回到情境图中，选择一个音节词说一句话。如果这对你来说是小菜一碟，那么请你试着用上几个音节词为这幅图片创编一个故事，说给爸爸妈妈听一听。

家长评：□□□

五、作业成效

紧扣一年级学生的学习心理进行复习巩固练习拓展：从复习、拼读课堂中我们一起找到的音节词，到和小伙伴一起找一找、拼一拼，既降低了拼音学习的难度，又增加了拼音学习的趣味性。

我们利用情境图培养学生的观察力和想象力，丰富学生的语言，并将它与汉语拼音学习联系起来。在学拼音说话时，从词到短语，再到长句，循序渐进。最后根据不同学情，鼓励有能力的学生尝试由一个长句发展到一个句群，创编故事。学生的语言表达训练形式不断丰富，将拼音学习与记忆里熟悉的形象巧妙地衔接上，形成从认识到拼读的运用，在不断上升的坡度中实现能力的提升，真正突破重难点。

点评与升华

(一) 创造性与合理性的统一

练习的设计基于教师对“所教内容中的哪些具体问题需要解决和提升”的判断与选择，只有清晰了“我要针对什么具体问题进行改进”，才能进一步考虑“怎么设计”的问题。

1. 于平常处见奇迹

本课练习设计利用情境图把学生带入海岛月夜的美丽意境，丰富学生的语言和内心感受。练习中，学生运用自己的观察力、想象力，从现有的音节词中获得启发，找到含有本节课的复韵母以及整体认读音节的事物。

2. 难度递进，形成坡度

练习设计中引导学生由词语到短语，由短语到长句。最后根据不同学情，鼓励学生尝试将一个长句发展为一个句群，创编情境故事。在难度递进增长中，学生的语言表达训练形式不断丰富，最终达成练习设计目标。

（二）科学性与艺术性的共振

1. 创设情境，引发深度沉浸式学习

教师利用教材提供的海岛月夜情境图，将拼音学习和情境以及知识和经验之间建立起某种平衡和联系。综合运用图画、叙事等多种手段，将学生带入具体的情境中。学生可以更深入地理解拼音单元中所涉及的拼读方法、知识与内容。

2. 优化评价，给予学习心理安全感

练习设计匹配相应的评价方式，学生在科学、合理的评价中获得顿悟感和心理上的安全感。评价主体的多样化，评价内容的细节化，评价形式的丰富化有助于引领学生逐步进入所授知识的世界。

案例 4-2 ①

指向学生高阶思维培育的三年级基础性数学作业设计与实施

一、设计意图

本作业设计着眼于数学学科的重要思想方法，通过创设真实情境，发展学生分析问题、解决问题的能力，帮助学生形成科学的学习方法。在设计时运用思辨化的内容、复杂化的情境等设计理念，创设贴近学生现实生活的情境化的团队任务。

二、学情分析

三年级学生已有一定的生活经验积累，将他们的视野从课堂空间拓展到生活空间，从现实世界中直观地获得“周长”的经验。教师应根据中年级学生的特点，引导他们通过深入观察、有条理地思考和推理、互动交流等活动达到教学目的。

三、作业目标

1. 理解并掌握长方形、正方形周长的计算方法，并能正确计算。

2. 知道周长相等的图形，面积不一定相等。

3. 能综合运用长方形、正方形周长和面积的知识，解决简单的实际问题。

四、作业呈现

周末，灵灵和动动的学校组织了三年级红领巾志愿者服务，他们从学校（A 点）出发，前往一只小兔子农场（B 点），为了快速到达 B 点，1 班和 2 班先向西走 485 米，再向北走；3 班和 4 班先向北走 675 米，再向西走（见图 4-2）。

---

① 本案例由郑韵怡老师提供。

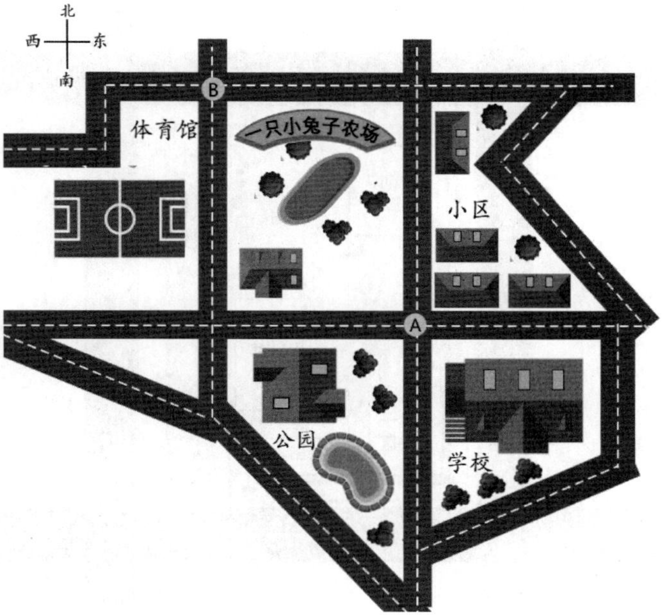

图 4-2　小兔子农场示意图

想一想，如果把农场围起来，需要多少米长的栏杆？

今天的红领巾志愿者服务共有两项任务：

任务一：打扫小兔子居住区。

任务二：规划红领巾试验田。

灵灵班级准备先完成第一项任务，在达到小兔子居住区时，他们发现有一块玻璃碎在了地上，小兔子们也四散在园区各个角落（见图 4-3）。在做好自我防护的同时，他们决定先将碎玻璃送往管理中心。

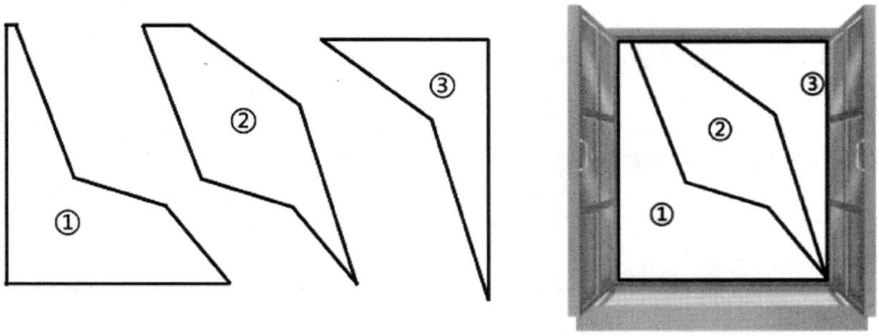

图 4-3　碎掉的玻璃窗

来到管理中心，工作人员询问灵灵："你们知道碎掉的玻璃窗有多大吗？"灵灵想了一下，回答道："我没有量过，但是我有办法知道。"你知道灵灵的办法是什么吗？

在灵灵他们前往管理中心的时候，其他同学正在分组寻找四散的小兔子，他们分成两组，一组向北走，一组向东走。在 C 点碰头，一起返回小兔子居住区。请你来判断，哪一组走的路程少，说一说理由（见图 4-4）。

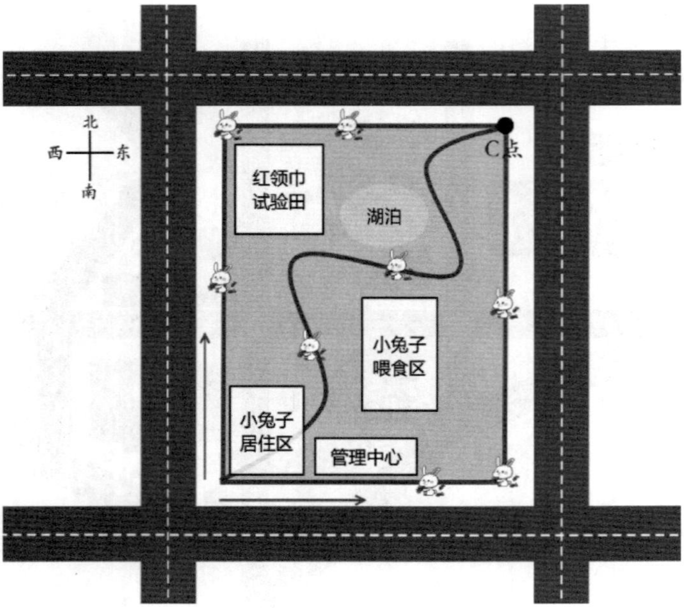

图 4-4　线路图

动动的班级选择先完成任务二，他们来到了红领巾试验田，具体任务要求如下：每个班级领取 60 米长的栅栏，围一个长方形的试验田用于种植胡萝卜。你能帮助动动他们围出一个面积最大的长方形试验田吗？

五、作业成效

（一）数据收集与分析（见表 4-3）

表 4-3　数据收集与分析

作业目标	认知类型	题目编号	正确率
1. 理解并掌握长方形、正方形周长的计算方法，并能正确计算	理解	1	97.5%
2. 知道周长相等的图形，面积不一定相等	应用	2 4	47.3%
3. 能综合运用长方形、正方形周长和面积的知识，解决简单的实际问题	应用	3 4	53.2%

各不同水平的学生分析情况见表 4-4。

表 4-4　学生分析情况

作业目标	认知类型	不同群体	正确率
1. 理解并掌握长方形、正方形周长的计算方法，并能正确计算	理解	成绩优异学生	100%
		成绩中等偏上学生	97.4%

（续表）

作业目标	认知类型	不同群体	正确率
2. 理解并掌握长方形、正方形周长的计算方法，并能正确计算	理解	成绩中等学生	98.6%
		学困生	87.3%
3. 知道周长相等的图形，面积不一定相等	应用	成绩优异学生	100%
		成绩中等偏上学生	87.3%
		成绩中等学生	89.8%
		学困生	24.6%
4. 能综合运用长方形、正方形周长和面积的知识，解决简单的实际问题	应用	成绩优异学生	100%
		成绩中等偏上学生	86.9%
		成绩中等学生	67.2%
		学困生	34.8%

不同学业水平的学生在作业目标达成上存在比较显著的差异。对于学困生来说作业难度大、负担重，可以适当补充基础巩固题，增加获得感。

（二）设计修改反馈

我们借助学生完成的作业，以及教师作业批改、分析、辅导过程中收集的各类证据，进行综合统计与分析，把握问题发生的原因，确定讲评策略，同时进行作业的优化完善。

教师将问题3“你知道灵灵的办法是什么吗?”修改为直接告诉学生通过玻璃碎片进行判断，答题指向更加明确，避免学生可能产生的误解。

（三）促使学生运用高阶思维展开批判思考

1. 巧换方式，引发思辨

在设计作业时，我们以去农场做志愿者服务的情境化作业策略，让学生运用所学知识展开丰富的想象与辨析，从“背诵公式”走向“运用公式”。

2. 分析信息，激发思辨

在作业设计中采用提供多样化的信息、变换知识组合方式和设问角度等手段，激发学生的兴趣和主动性，使他们能够在获取、分析、加工信息的过程中发展观察比较、辨析理由等批判性思维。

（四）促使学生运用高阶思维解决劣构问题

“问题界定不明确”的复杂情境，会促使学生充分调用各自的生活经验与思维水平，进行多元化思考。这种“思路不限定”“解决方式多元”“无固定可套用模式”“需要辨析说理”的作业情境，指向学生高阶思维的发展。

点评与升华

（一）情境复杂化

通过情境复杂化，可以促使学生协调和调动多种感官和多元思维，从而培养学生的高阶思维能力。但是复杂情境也可能会导致某些学生感到困惑和无助，需要教师提供适当的帮助和指导。

（二）内容思辨化

通过内容思辨化，会让学生经历质疑和评价等批判性思维过程，从而提高问题解决能力和逻辑思维能力。但是内容思辨化需要教师具备较高的教学水平和能力，否则容易出现教学质量参差不齐的问题。在设计的时候我们需要针对学困生适当补充基础巩固类的作业题，以增加学生完成作业的获得感。

在“双减”政策背景下，学校教师优化作业设计，是实现减负的根本。鼓励教师设计高品质作业，强化作业对知识的巩固，不仅能有效助力学生掌握知识，形成技能，拓展思维，发挥作业的育人功能，还能有效推进课堂教学，及时发现学生在巩固应用拓展方面的薄弱之处。

第二节　作业游戏化

小学阶段儿童的学习往往受情绪的影响，当他们对学习内容抱有浓厚的兴趣、旺盛的好奇心以及强烈的求知欲时，不仅能激发情感上的积极反应，还能使注意力更为集中和持久，从而快速提升学习效率与社交技能。我校教师在作业设计上不断创新，尤其注重将游戏化的元素融入作业之中，以激发学生的学习热情和参与度。

案例 4-3 ①

寓教于乐，基础性作业的创新设计和探索

——以 4AM4U1 A Music Class 课后作业设计为例

一、设计意图

对小学生来说，如果英语作业练习能带来积极的情感体验，将有助于培养他们对英语语言学习的浓厚兴趣，并形成自主学习能力和促进自我发展。这就要求教师基于学生的心理需求去创新作业练习的形式，让作业充满智慧、充满快乐。

二、学情分析

笔者对所教两个班的学生英语作业兴趣方面进行了调查，具体如表 4-5 所示。

表 4-5　学生作业兴趣情况

班级喜爱内容	单词抄写	单词默写	听录音跟读	表演对话	唱英语歌曲	英语手工小制作
四 1 班	15%	10%	70%	50%	80%	90%
四 2 班	20%	5%	50%	40%	90%	90%

从表 4-5 可以看出，学生普遍对较为机械的抄写默写兴趣不高，平时也会反映说抄写很累，不喜欢。相反，唱唱英语歌曲和课程相关的英语小制作颇受欢迎。

三、作业目标

1. 学生能熟练背记 guitar，piano，drum，triangle 单词，并能正确朗读。

2. 能在语境中感知、理解并运用核心词汇以及句型 ‘I have ...，I can play the ...，It goes ...，I like playing ...’正确描述自己会弹奏的乐器和它发出的声音。

① 本案例由李慧敏老师提供。

3. 能在语境中运用核心句型的第一人称转变为第三人称，结合学生各自的动手技能，设计出一个新式乐器，并能用口头或笔头的形式以一定顺序描述事件的过程。

4. 能理解 Music Man 的意义，结合软件技术，自由创编，成为 a music pupil。

四、作业呈现

（一）热身准备——紧扣单元主题理解歌曲，为引入新话题作铺垫

教师用歌曲 *I am a music man* 带领学生进入轻松的学习氛围。通过歌曲的输入，及时反馈歌中的内容，让学生自发找出正确的歌词即目标单词的所在，以及能进一步在简单扼要的 4 段谜面介绍中，迅速反馈出所描述的是何种乐器并能背诵默写出词汇。并结合实际，用英语句型简单的讨论学校新来的音乐教师会哪种乐器（见图 4-5）。这一设计调动了学生的学习兴趣，使其主动投入课堂学习中。

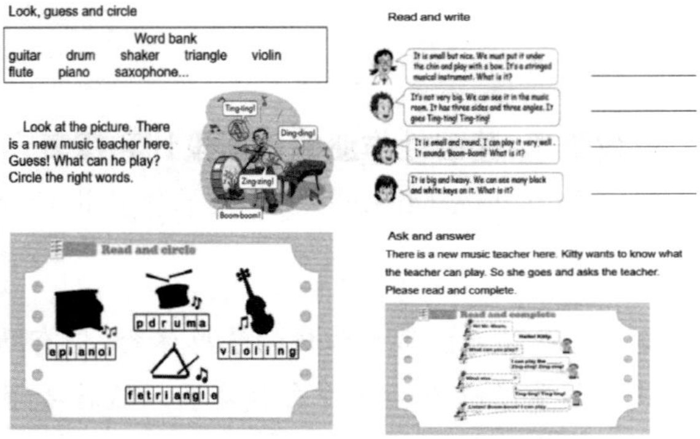

图 4-5　作业设计示例

（二）学习理解——了解主题及文本内容，分析语篇关键信息

通过课堂练习的有效设计加强对句型的输出应用。通过图片的观察和谈论引出学生们自己会哪些乐器（见图 4-6）。在语境中，围绕主题与同伴进行简单交流，自然呈现出文本第一段的内容，以此来学习本课第一个文本，并操练。

图 4-6　作业设计示例

（三）应用实践——同伴合作学习，提取关键信息，再创文本

在课堂练习中，教师也要尽量让学生走进生活，扩大语言运用的空间，提升综合的语言运用能力。因此要进一步开展语用活动（见图 4-7），例如，通过让学生思考和猜测出现的图的内容和意义，激发学生好奇心；通过这些标志揭示话题，通过游戏的形式化解难点，注重学生综合语言运用能力的培养。

View, think, write and make

The children can play the musical instruments. And they can make them too.
Danny's mum buys a big pumpkin. Danny makes a __________ with the pumpkin.
Dad gives Kitty a big pear. Kitty makes a __________ with the pear. Peter has some long straws. He makes a __________ with the straws.
The children like their "musical instruments" very much.

图 4-7　作业设计示例

（四）迁移创新，迁移运用，思考表达

授课后进行巩固性练习，主要还是围绕着知识的重难点进行的针对性练习，因此设计了让学生们自由组合完成一段编曲（见图 4-8），巩固学习成果，并促进内化。

Try to use GarageBand and make your own music

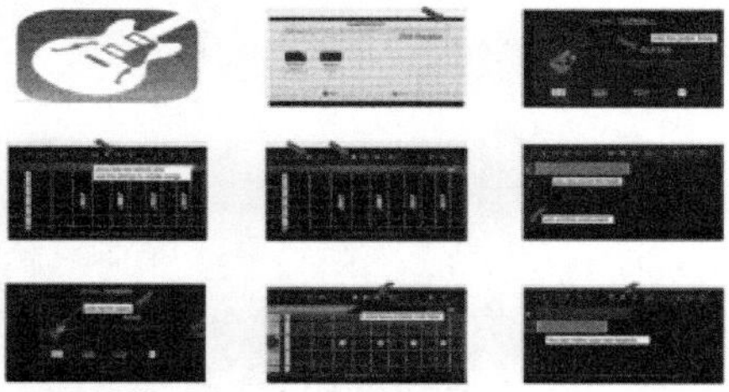

Read and write

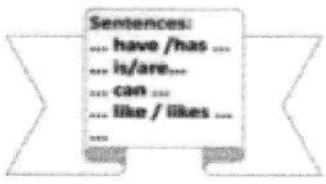

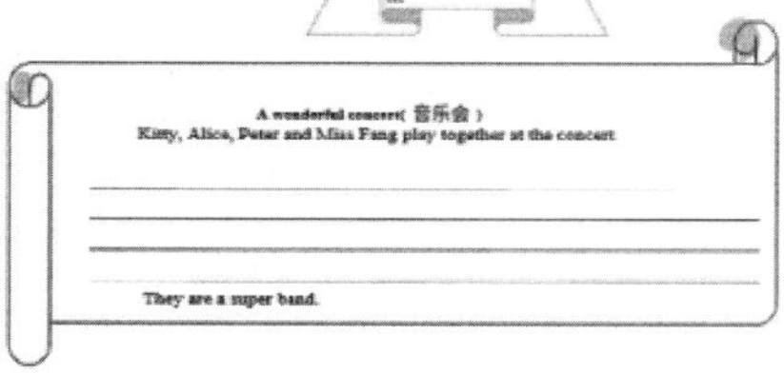

图 4-8　作业设计示例

五、作业成效

启发学生创新的意识。本课作业尝试有效融合英语学科与音乐学科，让学生们觉得充满新鲜感，达到激发学生创新思维的目的。

激发学生英语学习的兴趣。进行情境教学可以通过多变的形式，让学生始终处于兴奋、活跃的状态。

回归课本，提效增质。通过不同形式的朗读巩固词句。如开展语用活动，在图片、标志、板书的帮助下进行对话，确保师生花费最少时间，取得最好的教学效果。

点评与升华

（一）适度留白

教师在作业设计的过程中创设生活情境，让学生哼着小曲就把作业做了。同时，把创作权交给学生，让学生拥有更多自由发挥、自由创新的机会，他们在完成作业的过程中就会更加轻松、愉快，作业质量也会更好、更高。

（二）开阔视野

在完成作业的过程中，需要调动学生旧知，围绕“音乐”这个话题，表达自己对音乐的认识和喜好。通过作业，学生可以更多地了解音乐，热爱音乐，培养学生的审美情趣，陶冶情操，开阔视野。另外，学生也有可能集中了解到有关音乐的一些常用词汇和表达。

游戏型作业可以营造轻松、愉快、融洽的学习氛围，充分调动学生的学习兴趣，使学生全身心地投入，并将思维和行动相结合，是有益于身心发展的一种练习。

第三节　作业创意化

为了激发学生学习兴趣，培养学生的多元思维能力，教师设计了富有童趣的创意作业，包括设计、制作、绘画和欣赏等，引导学生研究美、创造美、表现美和应用美，在激发学生思维能力的同时还激发了审美创造。教师可以根据学生个人理解与感受，充分发挥创造性思维将学科知识与自己的特长相融合，将其转化为创意作业。

案例4-4 ①

以“扇”为美　尊重学生创意表达

——以扇子为主题的作业设计

一、设计意图

创意表达是表达个性想法，展现自己个性与天赋的过程。在设计美术作业时教师要考虑到作业本身是提供给学生体验提高实践能力、创意表达能力与激发学生创造性思维的手段。笔者选择以“扇”为主题，设计一份让学生能感受到中国扇文化魅力并且能体验创意表达制作扇子乐趣的作业，旨在拓宽学生的创作视野，丰富他们美术创意表达的内涵，提高他们美术综合能力素养。

二、学情分析

三年级是小学阶段美术学习的黄金时期，三年级学生对于美术学习有浓厚的兴趣，大部分学生能够感受中外作品的魅力、能运用绘画工具表达自己的所见所闻、所感所想、也能尝试利用不同工具、材料和技能美化生活。

三、作业目标

1. 在制作扇子的过程中，在收集的生活材料中选择扇子制作材料、制定扇面主题、选择绘画手段绘制扇面、制作一把自己喜欢的扇子并向同伴展示。

2. 在制作扇子的过程中，了解扇子之美，感受中国传统艺术之美。

四、作业呈现

（一）铺垫期：扇子作业知识收集

学生要完成一把自己喜欢的扇子，首先要了解扇子的基本种类。欣赏是美术课的重要环节，引领学生欣赏收集各种扇子的资料，讨论见过的扇子，观察总结扇子的构造。鼓励学生在欣赏观察的过程中运用一定的美术语言评述扇子之美。如扇架与扇面的材质、扇面的图案种类，古代扇子与现代扇子的区别等。学生开阔了眼界又扩大了知识面。

---

① 本案例由裘雯菁老师提供。

（二）准备期：扇子作业材料创新体验

学生作品的材料准备期，笔者设计了一张调查问卷表，了解完成一把扇子所需要的材料、主题与方法。学生填写完可与教师或同伴交流。每名学生通过自己的思考制定好扇面主题和绘制扇子方式，最终找到适合自己的方式。

（三）表达期：扇子作业完成创意

考虑每个学生的个体化差异，设计分层作业。鼓励能力强的学生利用美术优势大胆创意表达DIY扇子；能力中等的学生可以选择在原有美术基础上设计扇子提高突破自己；基础较弱的学生借鉴利用教师提供的简单的方法创意扇子，提高他们的自信心和美术参与度。所有学生通过制作扇子的美术活动，创作富有创意的扇子表达自己对生活的感受与想法。

五、作业成效

大部分学生都能制作出富有创意及个性特色的扇子，感受到自己的创造能力。个别学习有困难的学生也在教师的指导帮助下完成了扇子。学生的作品中让人印象深刻的有很多。例如，有的学生用国画的形式绘制团扇扇面，运用国画技法在扇面上表现的是一只熊猫吃竹子的画面。课后她兴奋地展示作品，并与教师交流她选择这个主题的原因和意义。学生在作品中创意表达自己的独特感情，是他们对美的感受与表达。

点评与升华

（一）尊重差异，提升学生美术综合能力

作业要求学生收集生活中的材料用于制作一把扇子，鼓励学生运用美术知识、技能和创新方式表现扇子。比扇子的制作，更关注学生对扇子文化知识的学习和体验，尊重学生的个体差异，学生根据自己的选择以及能力选择完成自己的作品形式。

（二）作业创意表达的创新性与独特性

学生的创新性体现在对扇子材料的选择是否有突破、扇面主题内容的确定是否新颖、绘制扇面的手段是否创新。独特性体现在创作过程中独特的经验和感受，通过作品表达出自己独特的情感与思想。

（三）在作业设计中加强学生之间的合作与交流

本次作业也可以考虑利用小队合作的形式来完成，既能培养学生的合作意识和沟通能力，又可以通过分工拓宽学生对扇面理解的深度，如不同历史时期扇面的特点，书法与扇面艺术的呈现等。

不难发现，教师的作业设计都能够有效地指向激发兴趣，启迪思维。教师精心设计的作业不但促发学生的学习兴趣和动力，而且为他们创设了探究的天地，激起了他们的探究欲望。创意作业让学生充分发表自己的见解，通过对作业不同方式的呈现，让我们看到了学生智慧火花的绽放。

第五章

思索中触发：
点亮一簇思维可视的火花

导　言

儿童的思维往往借助形象、色彩、声音和触觉，打开儿童思路的过程，需要教育者为之架设思维支架，将零散变得完整，将无序变得有序，将简单变得丰富，将浅表变得深刻。

灵动二中心充分利用思维导图、流程图等丰富的思维支架进行作业可视化设计，将学生完成作业时内隐的思维轨迹外显为可理解、具体的思想、观点、方法等，让教师看见学生的学习，也让学生看见自己的学习，引领学生从“学会”走向“会学”，提升其思维品质。

目前，我国儿童思维品质的培养愈来愈受重视，但是对于思维可视化工具的认知与实践训练相对较少。可视化的思维更有利于理解和记忆，能有效提高信息加工及传递的效能。

学校在小学思维培育的作业改革探索与实践中，根据儿童认知发展规律，尝试利用思维可视化工具应用于作业设计。教师借助思维导图、概念图、鱼骨刺图、流程图、PMI 图等可视化思维工具的支架来创新作业设计。

第一节　作业可视化——思维导图

思维导图是一种笔记方法，20 世纪 60 年代由英国心理学家东尼·博赞创造，初衷是为了改进传统的笔记方法，而后被个人、家庭、教育和企业广泛运用。

思维导图的特点是借助关键词进行发散性的思考与想象，可以让探究逐步深入，直至抵达问题的核心。在教师的作业设计过程中，思维导图是支持学生进行深度学习的重要支架，可以激活学生的学习潜能。

案例 5-1 ①

攀登思维成长的阶梯：5AM4U3 Fire Safety 课后作业设计

一、设计意图

在小学英语作业中，用思维导图作为支架，能促进学生的发散式思维，培养学生的高阶思维能力。

二、学情分析

传统的英语作业负担并不轻，但实际效果却微乎其微。教师需要改进作业布置，应用多形式的、创新型的作业模式，综合考虑有效作业的价值取向，达到事半功倍的效果。

三、作业目标

1. 运用本单元的核心语言，能简单地描述自己对火的认识。
2. 通过制作思维导图，能辩证地看待火的用途和危害。
3. 在实践活动中通过自查家庭防火安全措施，能消除家庭消防安全隐患。
4. 通过制作消防宣传海报，提高消防安全意识，了解消防安全知识，并掌握火场逃生的方法。

四、作业呈现

通过之前的研究及教研组的作业设计实践，搭建作业设计的框架，基于核心素养，开展

① 本案例由伍珈汶老师提供。

教学目标、作业目标、作业内容、作业形式、作业类型、作业难度、作业量及作业评价等关键要素框架(见图 5-1)。

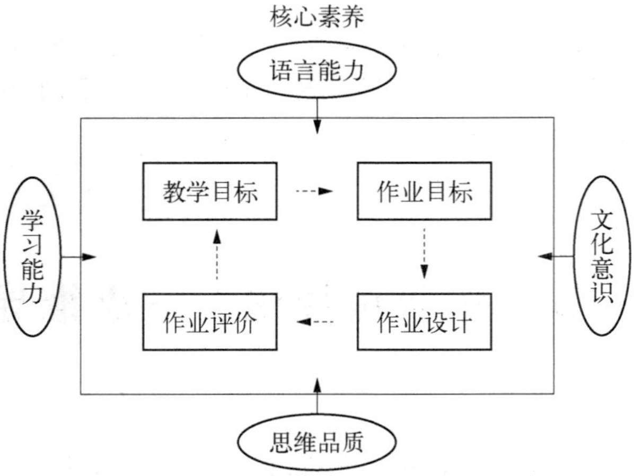

图 5-1　作业设计框架

(一) 以境促思,发展学生评判性思维能力

《英语》(牛津上海版)5AM4U3 Fire safety 一课作业的主要内容是让学生根据调查表,对家庭的用火安全情境进行自查,思考家中是否存在安全隐患,并用核心句型表达。作业旨在激发学生主人翁意识,树立安全用火意识。

学生基于对自己家庭的了解,对家庭成员的生活习惯、家电设施、居住环境等进行多角度评判,形成个人的家庭用火自查表。这一过程中学生通过梳理语言知识、对比调查信息、对家中是否存在消防隐患进行评价,发展评判性思维能力(见图 5-2)。

5A M4U3 Fire Safety (period 5)

Class:______ Name:______ No.______ Grade:______ Time:______

1. Do a survey(自查家庭防火安全,符合的打√,不符合的打×,并思考自己家中是否存在消防安全隐患,如果是,该怎么排除隐患?)

Living habit (生活习惯)	Never smoke on the bed.	
	Never play near the fires.	
	Never play with fire.	
	Be careful with the fire when(当) cooking.	
	Never cook when there's no adult.	
	Never recharge the mobile phone(手机充电) on the bed.	
	Know the fire escape route(火灾逃生路线)	
	Keep stairway clear.(楼道无杂物)	
Household appliances (家电设施)and living environment(环境)	Check the gas pipe(煤气管) regularly(定期).	
	There's no aging wire(老化的电线) at home.	
	There's always a fire extinguisher(灭火器) at home.	

Please count:

√: ______ (how many)　　　　×: ______ (how many)

The teacher's words

If all of your answers are √ , congratulations!

If there is a × or more, please think what must/ mustn't you do?

____

____

图 5-2　作业第一板块

（二）以图启思，培养学生思维能力

这是一份长作业，学生借助思维导图，以 fire 为中心，从 fire is useful 和 fire is dangerous 两个视角出发，对已学的关于 fire 的知识进行全面的整理和总结。

在这个过程中，学生进行头脑风暴，积极在脑海中搜索与 fire 有关的认知图式，对零散的旧知进行重组，不仅唤醒了相关的背景知识，也极大地激发了学生的求知欲和发散性思维。

通过思维导图，学生在作业中加强了对所学知识的关联与理解，延展了英语学习的深度及宽度，培养了高阶思维能力(见图 5-3)。

3. Think, choose, analyze and write（请思考，选择分析，尝试描述自己的观点）

A. In this unit, we know much about fire. What do you think of fire?

☐ (1) Fire is very useful. It gives us a lot of help. It's not dangerous.

☐ (2) Fire is too dangerous. For fire safety, don't use fire.

☐ (3) Fire has two sides. It is useful. It is also dangerous. We must use fire carefully.

B. Think, make a mind map about fire.

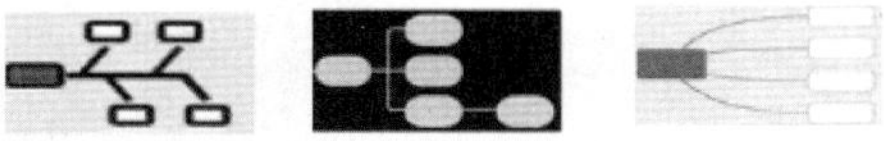

（你可以借鉴上方或下方左侧的思维导图形式，也可以自己设计）

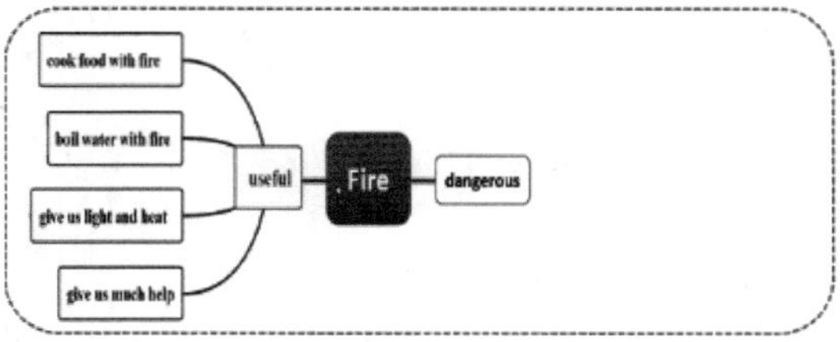

C. Write about your opinions on fire. 描述一下你对火的两面性的认识

Fire has two sides.

Fire is useful. ______________________________

____

Fire is also dangerous. ______________________________

____

Remember to revise 带着以下问题尝试修改	Yes	No
1. Have I clearly stated my opinion in the topic sentence? 我是否在主题句中清晰地陈述了我的观点？	☐	☐
2. Have all my reasons clearly supported my opinion? 所有的理由是否围绕观点展开？	☐	☐
3. Have I supported each reason with details? 我是否充分陈述我的理由？	☐	☐

图 5-3　作业第二板块

五、作业成效

(一) 作业实施和调查

此次作业选取同一位教师，选择三个以往学习水平一致的班级开展课例教学，课后进行作业设计和练习。对作业进行回收并书面分析，简单对学生作业主体感受进行问卷调查。问卷发放 100 份，收回有效问卷 83 份。

(二) 作业书面反馈

1. 第一大题：Do a survey

该项作业主要考查学生是否能自查家庭防火安全措施，并思考自己家中是否存在消防安全隐患，及用所学的核心句型表达。作业回收统计的结果反映 95.4%的学生能够较好地完成并回答，4.6%的学生在表达的过程中出现语法错误。

2. 第二大题：Make a poster

该项作业主要考查学生能否通过制作消防宣传海报，了解消防安全知识，并掌握火场逃生方法。作业回收统计的结果反映 78.16%的学生能够完成海报填写并表达，6.9%的学生出现填写不完整，只能填写 0—2 个内容的情况。大部分学生在自我评价和同伴评价过程中填写 2—3 星的评价(见图 5-4)。

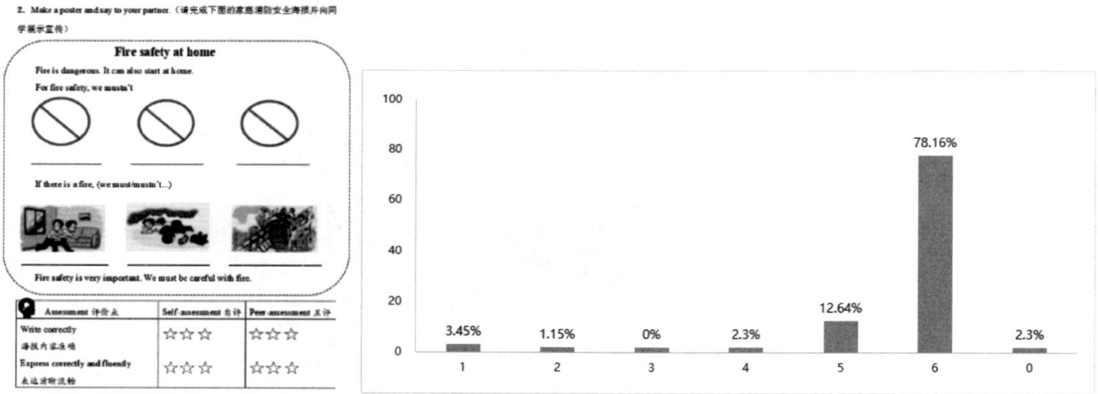

图 5-4　学生评价

3. 第三大题：Think, choose, analyze and write

通过多任务设计，串联任务，设计问题链，引导学生联系生活、观察生活、分析问题、表达观点。作业回收统计的结果反映 74.71%的学生能够较好完成任务，19.54%的学生能够完成任务，累计 5.75%的学生有困难，只能填写部分内容的情况。

(三) 学生作业感受反馈

问卷调查显示，作业的难度呈金字塔形状，有一定的梯度，对不同学生的基础有所考虑；作业的设计受到一半以上的学生喜好，但部分学生没有较大的喜好差异。整体作业的内容难度设计有梯度和层次，学生的作业兴趣还有待提高(见图 5-5)。

第7题：在作业中，你的感受是 [量表题]

本题平均分： 2.09

选项	小计	比例
非常简单	33	37.93%
简单	19	21.84%
一般	31	35.63%
比较难	2	2.3%
非常难	2	2.3%
本题有效填写人次	**87**	

第8题：在作业中，你的感受是 [量表题]

本题平均分： 3.91

选项	小计	比例
非常不喜欢	1	1.15%
不喜欢	3	3.45%
一般	31	35.63%
比较喜欢	20	22.99%
非常喜欢	32	36.78%
本题有效填写人次	**87**	

图 5-5　学生作业难度与兴趣感受

点评与升华

（一）在自我评价和同伴互评中发现问题

每一个大题的作业设计都融入了不同的评价方式，教师在作业布置前增加作业评价相关的指导说明。问卷调查任务中，学生通过自己的数据结果，在教师提供的评语选项中能够进一步结合核心句型表达自己的观点；海报制作和宣传任务中，学生根据评价表中的观测点，能够关注自己的内容书写和表达的准确性及流利度，同时在自我评价和同伴互评中认识到自己存在的问题；写作任务中，提供的评价工具辅助学生进一步诊断和修改完善自己的写作。在作业设计中融入多元的评价主体，教师、学生、同伴，以及多维度的评价观测点，表达、书写、写作的关键点，可以帮助学生在作业的过程中更好地完成作业的同时，逐步学会利用不同的工具观察、评价自己，帮助自我成长。

（二）帮助学生形成系统性的思维框架

教师在教知识的同时，也要教会学生学会学习和独立思考的技能，鼓励学生乐于探究，让学生从思考的挑战中收获自信心和满足感，这就需要教师在设计的过程中帮助学生更好地厘清思路，将零散的知识点整合起来。通过思维导图，学生可以清晰地展示各个知识点之间的关联性，从而在完成作业的过程中灵活运用所学知识，提高作业的质量和创意性。

案例 5-2 ①

思维花开，让学习真实地发生

——以《鸟的天堂》一课作业设计为例

一、设计意图

小学语文统编教材五年级上册的第七单元围绕“自然之趣”编排了四篇课文：《古诗词三首》《四季之美》《鸟的天堂》《月迹》，单元语文要素为“初步体会课文中的静态描写和动态描写”。本单元的教学重难点在于，把握课文内容，初步了解静态和动态描写，并根据描写想象出具体而丰富的画面。

《鸟的天堂》为本单元的最后一篇精读课文，记叙了作者巴金和朋友两次经过“鸟的天堂”时见到的不同景象。作者情感真挚地表达了对自然和生命的热爱与赞美，这种对于生命之美的礼赞是其文学作品的代表性风格。

在本单元前两篇文章的学习中，学生已在理解课文内容的基础上，展开想象，初步感知静态与动态描写的作用。本课站在文学鉴赏的角度，向学生提出了更高的要求：能将两次所见的场景进行比较，用不同的语气和节奏，用朗读表达出自己体会到的动静描写的妙处。

本设计聚焦学生思维上的弱点，以文本为依托，设计作业，通过一张思维导图，让学生在个性化的阅读中，思维可视化，提升学生的阅读能力，加深对课文内容的理解，让思维花开，让学习真实地发生，切实提高学生的思维品质。

二、学情分析

A 班学生近期在阅读板块的 T 值均位于年级中等。结合课堂表现及作业反馈，教师发现班级中两极分化严重：2/3 的学生课堂参与度较低，对阅读不是很感兴趣，缺少科学的阅读方法，阅读能力较为薄弱；1/3 的学生能做到课堂上积极动脑，活跃思维，有自己对文本个性化的解读。

对五年级学生而言，他们的认知水平已经发展到具体运算阶段，具备了一定的抽象思维能力，能分析较为复杂的问题，并以符号、图形来表示。因此，在阅读教学中运用思维可视化的策略，让学生积极用脑，可以激发思维发展的潜能，对学生深入学习、深入理解也起到工具性的支持作用，并引导学生进入高阶学习的模式。

三、作业目标

1. 梳理作者的表达顺序，初步感受静态描写和动态描写。

2. 个性化阅读文本，品析“鸟的天堂”在傍晚和早晨不同的景色特点。

3. 体会作者所表达的情感，能调整不同的语气和节奏，用朗读表达出自己体会到的动静描写的妙处。

四、作业呈现

本项作业围绕“为什么说‘鸟的天堂’的确是鸟的天堂”这一核心问题展开，尝试让学生通过完成思维导图来厘清作者“写了什么”“怎么写的”“为什么写”，帮助学生厘清思路，巩固新知，逐渐形成阅读写景类文章的阅读策略，掌握写景作文的基本表达方法。

---

① 本案例由胡菲尔老师提供。

（一）趣味引路，启迪思维

在作业设计中，教师充分遵循五年级学生的年龄与认知特点，趣味与思维并存。思维导图的引路，使得学生有充分的时间投入文本的阅读中，解构文本，再根据个体内部经验进行重新建构并呈现出来，让思维可视化。

“第一天傍晚——第二天早晨”“大榕树——群鸟纷飞”“静态描写——动态描写”……学生由范例出发，上下呼应，寻找规律，将自己的思维过程清晰地呈现在作业之中（见图 5-6）。

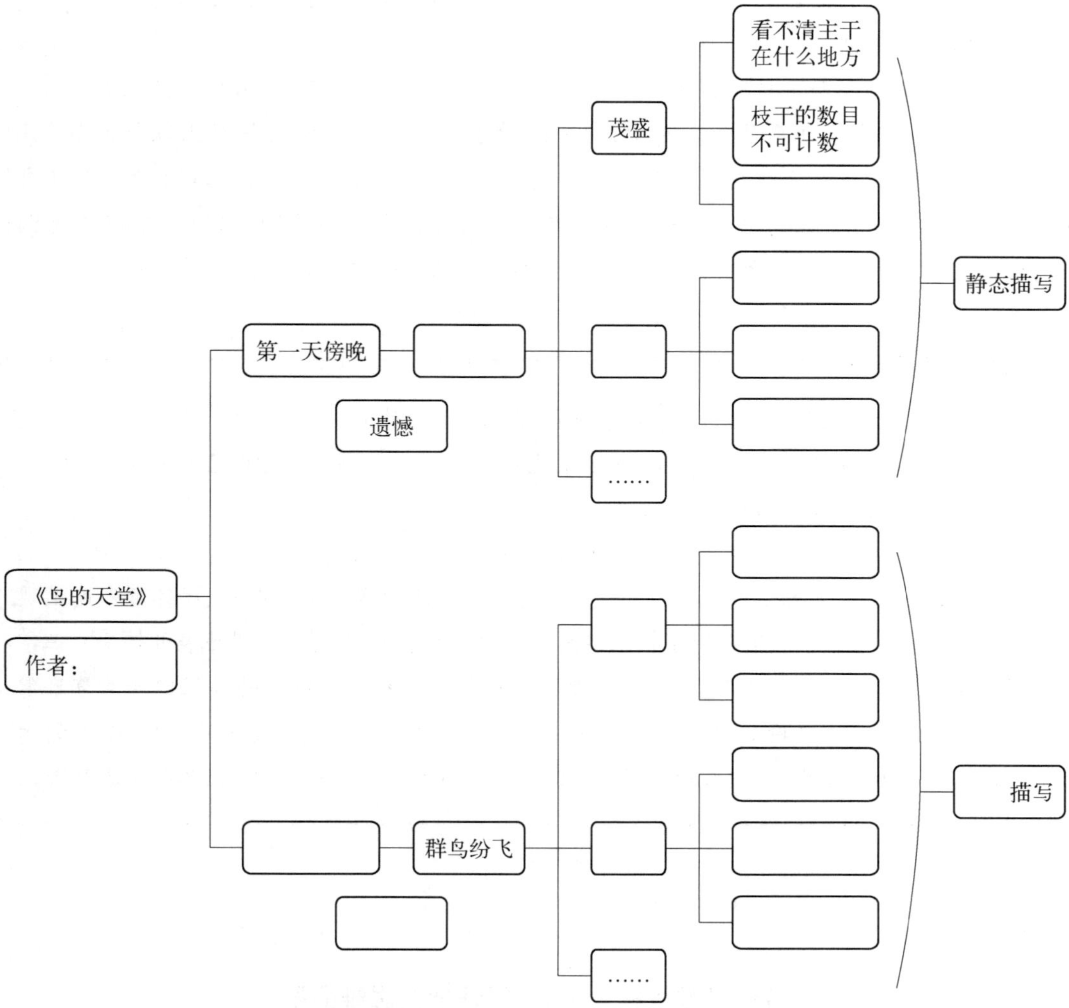

图 5-6　《鸟的天堂》思维可视化解构

（二）分层设计，体现梯度

在作业的设计上教师考虑到了“梯度性”和“自主性”，面向全体学生，为不同学习能力的学生搭设了不同的思维空间。

在感知景物特点时，学生可以模仿思维导图中的范例从文中提取信息，摘录关键词句，初步体会景物特点。对学有余力的学生则鼓励他们开动头脑，在此基础上归纳、概括，综合，形成自己的思考。

（三）加强联系，能力迁移

教师亦注重单元的系统性和关联性，指导学生从学到用、从读到写，在不断地感知、练习的过程中习得知识、掌握本领、能力迁移。

围绕单元主题，将作业设计与习作指导相结合，指导学生借助思维导图将阅读路径转化为写作路径，为单元习作《____即景》搭设支架。学生不仅可以仿照作者的写法，迁移到自己的习作之中，还可以模仿作者独特的语言表达。例如，作者的描写顺序：由远及近描写榕树，由面到点描写鸟儿；在写景时，不仅要写自己看到的，还要写自己感受到的。

五、作业成效

作业设计的创新与突破使得更多的学生积极主动地投入阅读之中，从作业反馈上来说，100%的同学都完成了该项作业。其中，61%的学生能在旧知的经验基础上联结新的经验，以归纳创新的形式进行个性化的呈现。25%的学生以提取文本信息为主，以借鉴、听取同伴和教师的思路为辅，自己的思维呈现较少。在练习的反馈中，对本课知识的掌握都呈现出较好的状态。在习作《____即景》中，72%的同学都将自己领悟到的表达方法进行迁移。

点评与升华

（一）思维可视化工具的使用能更好地激发学生阅读的兴趣

学生主动走进文本，解构文本，个性化地对文本进行解读，产生自己独特的感悟，并逐步形成阅读策略，提升思维品质。

（二）教师对学生思维品质的训练还需持续进行

对于教师而言，思维可视化的作业设计也将学习者思维或思考的路径、规律清晰地呈现出来，使教师能更为快速、准确地了解到学生现有的学习水平，并有针对性地展开辅导。但学生思维品质的训练并非一蹴而就，而是需要持续地练习。教师在使用的过程中要注重日常作业的渗透。前期要教授给学生不同思维可视化工具的使用方式。使用时，教师要起到示范和辅助的作用。学生完成后，教师则要及时批改、反馈、评价，并总结经验，不断反思改进。

案例5-3 ①

借助思维可视化工具，提升学生思维品质

——以2BM2U3 Animals I like作业设计为例

一、设计意图

单元练习不仅是巩固所学内容，同样也是发展学生思维能力的重要途径。针对2BM2U3 Animals I like，围绕“非洲动物”这一主题，对单元内重点词汇和句型进行整合，遵循学生的认知规律，进行了作业活动的设计。通过将思维可视化工具和单元练习相结合的

① 本案例由姚轩昂老师提供。

教学方式，为学生的思维发展提供支架，提高其自主探究学习能力。

二、学情分析

本次单元作业练习面向的是二年级学生，学生经过了两年的英语学习，对英语教材的模式以及学习要求也已基本适应，对教材上的四会单词基本都能达到听、说、读、写，拼背的程度；能够听、说，运用所学句型对话并能进行基本的日常用语交流；能掌握简单的语法知识点。但是通过前期单元练习卷的反馈，他们在阅读或语法题这类需要思维转化的题目错误率较高。通过与学生进行交流发现，学生只擅长死记硬背的单词和句型，不会变通转换。因此，要加强相应的指导和训练，在紧扣单元重点的前提下，进行思维训练。

三、作业目标

1. 在非洲大草原的情境中巩固掌握单词：giraffe、snake、elephant、zebra。

2. 在特定语境中能够运用 They are ... They have ...描述动物的外形特点。用 They like ... 描述动物的饮食习惯。

3. 学生能借助思维导图提取信息，培养思考问题和解决问题的能力。

4. 通过设定的情境，学生认识、了解非洲大草原上的动物，激发学生热爱动物的思想情感，培养学生文化意识。

5. 在特定语境中体验与表达，运用所学单词和句型，介绍自己喜欢的非洲动物，并尝试用不同方法与朋友交流分享。

四、作业呈现

（一）Task 1 What do they look like?

第一个任务主要针对非洲动物的外形特征，结合一年级下学习过的动物类单词，以观察图片的形式，将新知和旧识结合在一起。

第一步巩固词汇。让学生选择正确的单词抄写，并选择正确的形容词描述动物特征。

第二步拓展提高。根据巩固活动中的结果，通过写一写或说一说的形式介绍其他的非洲动物（见图 5-7）。

图 5-7　Animals I like 一课任务一

（二）Task 2 What do they eat?

第二个任务主要针对非洲动物的饮食习惯。引导学生根据动物饮食习惯进行食草、食肉还是杂食归类，填写编号（见图 5-8）。

图 5-8　Animals I like 一课任务二

（三）Task 3 Reading：Elephants

第三个任务主要针对大象的深入阅读。阅读文本分为两个部分，第一部分是对大象进行外观和生活习性的描述。第二部分是非洲象和亚洲象的数据对比，比较两种大象的相同点和不同点，学生通过在文章中提取信息，填写思维导图，同时对比图表信息完成判断题，为 Task 4 打下基础（见图 5-9）。

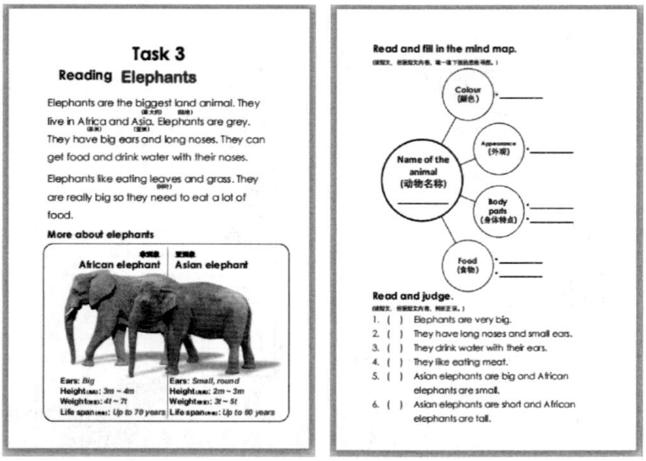

图 5-9　Animals I like 一课任务三

（四）Task 4 My favourite African animal

第四个任务主题为我最爱的非洲动物，作业任务层层推进，逐步提高学生学习水平。

第一步：选择自己喜欢的动物，完成思维导图的填写（见图5-10）。

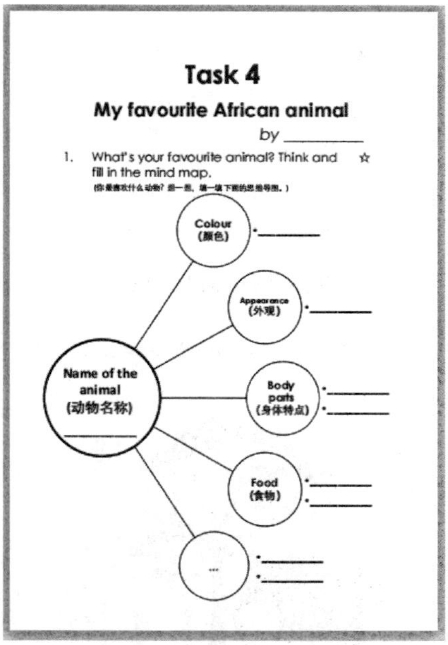

图5-10　My favourite African animal 一课任务四（1）

第二步：学生画一个自己最爱的非洲动物，随后可以使用思维导图中的提示词进行介绍，对重点句型和重点单词进行巩固强化（见图5-11）。

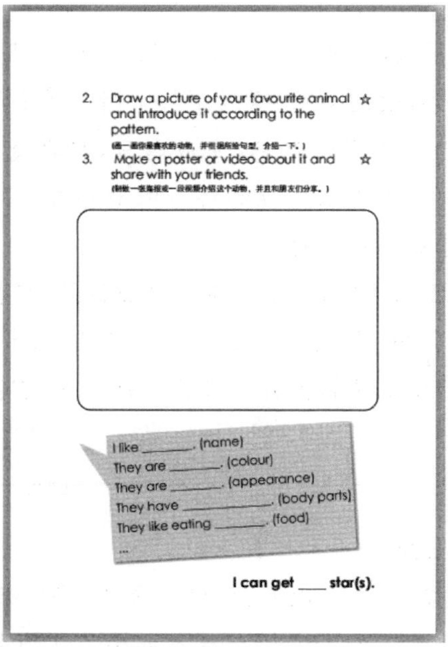

图5-11　My favourite African animal 一课任务四（2）

第三步：学生以我最爱的非洲动物为主题制作一张海报或录制一个视频进行展示，抛开固有文本，自主创作，和同班同学交流分享自己最爱的非洲动物，培养交流意识（见图5-12）。

图5-12　My favourite African animal 一课任务四(3)

最后进行情感教育，提高学生保护动物的意识。

五、作业成效

学生的学习兴趣得到了很大提高，学生们都积极参与，相互帮助完成了学习单，课堂上积极举手发言，相互交流自己喜欢的动物，课后制作了精美的小报和视频。在之后的单元练习中，部分学生能够慢慢根据文本提炼信息，完成题目，特别是阅读题的正确率有所提升。但仍存在部分基础薄弱的学生，完成基础性的练习依旧存在一定难度。因此针对这部分学生，单元练习设计可以更注重基础知识的掌握。

在减轻学生过重课业负担的同时，更要注重在作业设计的“提质”上下功夫，指向高阶思维的作业设计是未来的必然取向，在控制作业总量的前提下，丰富作业形式，让语言知识技能和高阶思维能力协同发展，助推培养具有思维品质的新一代“强国”接班人。

点评与升华

（一）循序渐进，螺旋上升

教师基于单元教学目标，按学习理解、应用实践、迁移创新三个阶段设计练习活动。第一阶段学习理解，在选词抄写等活动中，学生反复操练动物类词汇的书写发音和含义。

再根据动物的特征：外形特征和饮食习惯，结合核心句型 They are ... 学生进行选词选图操练。此外，兼顾学生个体差异，鼓励学生拓展新知。从简单的抄写巩固进一步提升到词汇句型运用，进一步深化夯实教学目标。第二阶段应用实践，将所学语言知识转化为能力。学生用所学语言知识阅读介绍大象的文章，借助思维导图比较亚洲象和非洲象的不同，完成阅读练习，在阅读过程中强化知识点。第三阶段迁移创新，采用分层的形式，第一层是根据填写的思维导图格式，构建支架，随后学生尝试根据支架创建以自己最爱的动物为主题的思维导图。第二层引导学生画一个自己最爱的动物，随后结合思维导图中的提示词尝试进行介绍。第三层是以"我最爱的动物"为主题制作一个海报或录制一个视频并与同学交流分享自己最喜欢的动物。三层练习层层递进，从深入文本的初阶输出到超越文本的高阶输出，丰富了介绍的形式，学生在任务完成的过程中不断强化巩固单元重点，锻炼口语表达能力，提升语言表达能力。

（二）丰富评价形式

在学生校内完成 Task 的过程中，采用生生互评和师生互评的方式。基础的单词书写在学生交换批改的过程中不断强化，加强新授知识点的掌握。在完成 Task 3 的过程中，根据文章内容完成思维导图的填写和判断题。学生接触思维导图的次数较少，因此在做的过程中鼓励学生小组讨论，互帮互助，相互启发学习，提高学生学习的积极性，培养合作能力。对于解决不了的问题，教师适当地进行引导帮助，对顺利完成 Task 的学生及时进行批改纠错。Task 4 以上传钉钉的形式进行。学生将自己制作的海报或录制的视频上传至钉钉，学生和教师都能看到上传的内容并进行点赞和评论，提高学生的学习兴趣。

在传统的学习中，由于缺乏探究工具，学生学习往往停留在表面，难以触及核心。思维导图具有发散性思考、关键词探索、网状关联等特点，可以让学习探究逐步深入。

第二节　作业可视化——流程图

流程图由美国著名思维教育专家大卫·海勒博士于1988年开发，作为一种思维可视化工具，主要用于列举顺序、过程、步骤等，帮助梳理分析事件发展的脉络。

教师借助流程图工具有效实施分层作业设计，学生能根据自身能力选择初步设计和改进设计，帮助教师突破单一作业的反馈形式。

案例5-4 ①

基于流程图的小学劳动技术思维可视化作业设计探究

一、设计意图

（一）内容分析

四年级第一学期“小客车模型”第二课时要求学生根据上节课学习的小客车模型，改良并设计救护车模型。本课的教学重点是拟定制作计划并按步操作，侧重让学生通过交流修改并完善制作计划。

小学阶段的学生还处于具象思维阶段，处理文字的能力较弱，在实际教学过程中第一课时的小客车模型制作时，学生很难有概念和有序地制订制作计划，这就造成了第二课时的改良设计中学生几乎不会想到使用制作计划辅助进行思考训练，使得救护车模型制作的成功率并不高。

（二）寻找不同

在以往的劳技教学过程中，教师都是带领学生讨论并分析制作过程，并以视频的形式帮助学生理解，很少让学生进行文字记录，完成的产品几乎无法展示学生的思维过程。在课后学生没有足够的学习支架辅助和支撑独自完成改良设计。

流程图能将模糊不清的制作流程转变为以简单图形组合的清晰外在形态，并且可操作性强，是一种可以不断发展和完善的工具。学生根据流程图完成作品后，还可以通过增加流程图，独自思考并改进作品。

（三）界定概念

流程图由图形、线条和简单说明文字组成，展示顺序、过程、步骤等，反映的是一种单向的线性思维方式。

（四）提出假设

流程图的优点：易操作，画法简单，学习门槛低；易存档，学生可将其思考过程以流程图

① 本案例由孙沪云老师提供。

的形式记录下来，便于课后对问题进行反复思考；易于交流，学生可以和同伴交流解决问题的思路，也可以让教师有针对性地找到学生作品的问题所在。

二、学情分析

四年级共268人，统计五个课时的完成情况。其中完成率最高为74.35%，最低为47.43%，其他班级介于50%—70%。完成率较高的班级学生都有很好的绘画设计图习惯。由此可见，图像技术可以帮助学生独立完成作品的制作。

教师分别询问了其中两个班级，得到的反馈如下：作业完成率比较低的学生说回家后忘记了制作步骤，所以就失去了完成作品的兴趣。作业完成率比较高的学生表示通过上课记录的流程图和设计图，课后可以独立完成制作，但在测试改进时就没了思路。这表明缺少课堂同学们一起制作的氛围，以及师生间的交流讨论，学生回家后会大大降低动手制作的兴趣，遇到问题时也缺少帮助，导致作业完成率低，这也是大部分学生在完成劳技作业时会遇到的问题。

三、作业目标

在劳技学科的作业设计中，筹划思维和创造能力分别体现在制作计划和对作品的二次改良上。流程图是使思维可视化的学习工具，学生可以利用流程图更简单易懂地掌握产品的制作流程，并在初步完成作品后，通过继续绘画流程图思考产品的改良。

四、作业呈现(见图5-13)

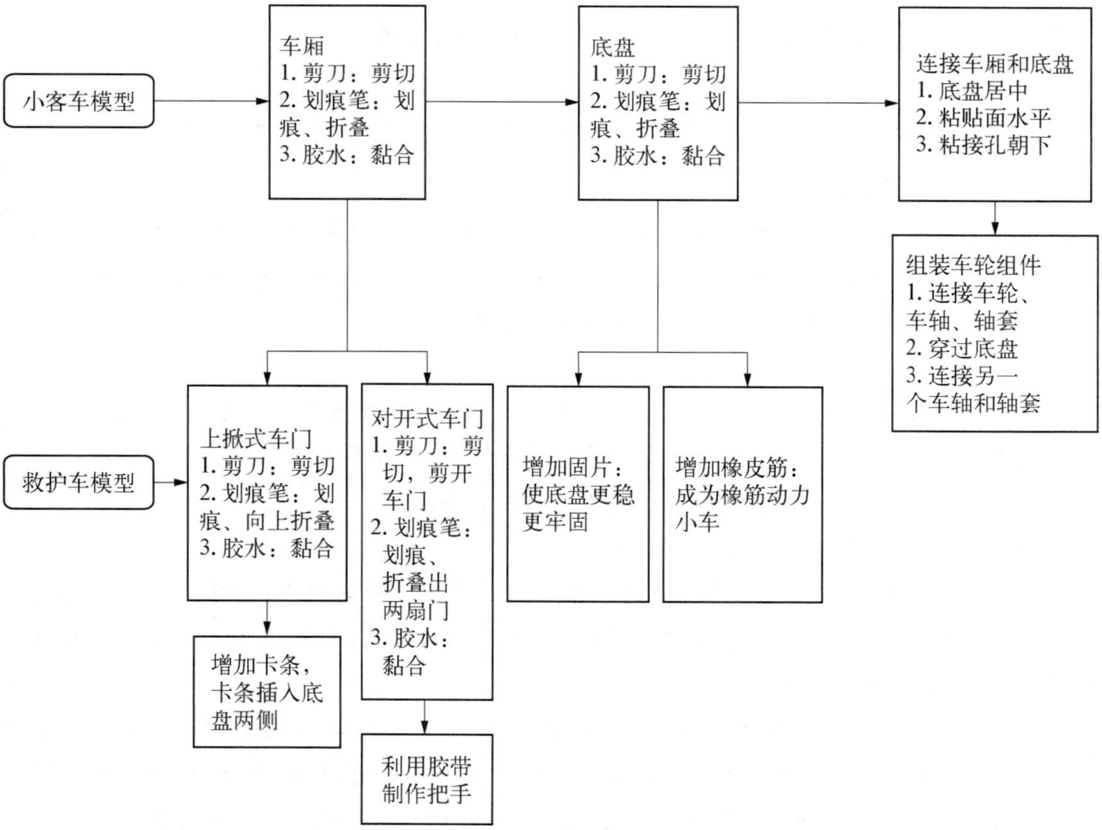

图5-13　小客车模型两课时总流程图

图 5-13 是“小客车模型”两课时的总流程图。第一层步骤中可以清晰地看到小客车模型的制作流程，并且每一步都有概括性的话简单地描述了制作过程。在主步骤的基础上发展出子步骤，例如，对车厢的思考，得到上掀式和对开式两种车门设计，从而完成救护车模型的设计流程。对车门的再思考发展出第三层步骤，使设计更加完善。

五、作业成效

在“垃圾袋架模型”这节课中，前期完成率最高和最低的班级，这节课的完成率分别是 A 班 84.61%，B 班 71.05%。通过思维可视化的作业设计，大部分学生在流程图的帮助下都能提高作业的完成率。笔者访问了几名在流程图帮助下能够完成作业的学生，他们表示通过流程图可以很清楚地知道自己应该做到哪一步，怎么做，初步展现出学生的筹划思维。根据箭头和框图的指示还能进行下一步的联想，以前无从下手的改进方案也可以尝试自己进行设计了，创造能力得以提升。笔者同时也访问了依旧无法完成作业的学生，有的表示还不能熟练使用流程图工具，有的表示在课堂中无法跟着教师完成初步流程的绘制。

当下，信息技术成为与学生生活紧密相关的一部分，思维可视化工具也逐渐走进了各学科的教学领域，其中很多学科已广泛采用流程图，甚至有基于流程图的相关研究。然而劳技学科却较少使用流程图，这也是本文探究思维可视化工具在劳技作业设计中应用的意义。

小学生正处于从形象思维向抽象思维过渡的阶段，这一时期思维体系的构建将直接影响其未来发展。同时，新课标强调劳技素养的培育，小学劳技教师有必要基于思维可视化，运用流程图等工具在作业设计方面培养学生的劳技核心素养。

点评与升华

（一）流程图有利于促进作业实施

在常态化作业中，学生常因缺少学习支架而难以自主完成作业。在思维可视化作业中，利用流程图提供简练、概括、有序的知识信息，将知识表现化繁为简，可以降低作业的思维难度与心理难度，提高学生作业的参与度。

（二）流程图有利于实现作业分层

对于教师而言，思维可视化作业增加学生作业形式和作业方法的途径，借助流程图工具有效实施分层作业设计，学生能根据自身能力选择初步设计和改进设计。同时帮助教师突破单一作业的反馈形式，实现作业设计更个性化。

（三）流程图有利于进行作业改进

流程图运用于劳技作业的特别之处在于突出劳技学科的特点，整体呈现产品的制作流程，细节聚焦某一步骤的改进，对知识点进行定点发散，加强学生作业过程中的思维训练、拓宽作业的思维深度。

在长期的思维可视化作业实施中，可以形成学生个人档案，通过流程图工具见证学生思维能力的成长，同时帮助教师结合整体评价和个别评价、纵向评价和横向评价、结论性评价和过程性评价，以多路径、多方式的作业评价机制促进学生全面发展。

思维发展是语言发展的基础。小学生以形象思维为主，依赖于表象、联想、想象，其中想象是形象思维的中心环节，也是创造性思维的重要因素。小学阶段是丰富和增强学生思维能力的绝佳时期，培养和发展学生的想象能力是开发智力、拓宽视野的重要手段。

教师在作业设计中，充分使用思维可视化的支架唤起学生的表象、联想、想象，有利于学生形象思维的发展，也能丰富学生的感性认识，并为学生语言发展奠定基础。

第三节　作业可视化——思维工具

指向思维品质提升的作业设计，是作业改革的真正价值所在。小学生思维具有活泼和敏锐的特点，教师应合理运用教材内容，凸显学生习得策略的定位。课堂上，教师要引导学生把答题推测的理由说清楚；教学中，要创造性地使用教材，作业设计时要会利用丰富的思维支架，使作业变得有情有趣，提升学生思维品质。

案例5-5 ①

小学数学作业设计中运用思维可视化支架的探索

一、设计意图

可能性在生活中的运用十分广泛，且与学生平时玩的一些游戏有很大的关联，因此在设计作业时，教师希望可以通过学生身边的案例和游戏，激发学生的探索欲，让他们能够自己思考并且探索关于可能性的知识，从而达到巩固知识，发展核心素养的目的。

本次的作业设计，旨在通过系列活动激发学生在较高认知水平层次上的心智活动，从思维敏捷性出发，通过分析、综合、评价和创造，让学生在正确领会知识并把握问题实质的基础上达到融会贯通。

二、学情分析

五年级学生对于现实世界的确定事件与不确定事件是有一定生活经验积累的，但只能对简单的可能性事件进行经验性的判断，对于比较抽象的可能性相关知识不易理解，往往只停留在对现象的直观感觉，无法对自己的选择判断做出合理的解释。因此，学生需要体验随机现象及其发生的可能性大小，通过实验、数据记录、图示等途径，渗透数形结合、分类、统计等数学思想方法，从直观感受逐步过渡到抽象的理性分析。

三、作业目标

1. 通过画骰子的展开图，思考“掷骰子”是否为等可能性事件，巩固正方体的展开图、正方体的特征以及可能性的大小。

2. 通过实际操作、实验，思考“掷骰子”时可能出现的结果，进行列举，巩固枚举法。

3. 会判断不确定现象发生的可能性大小，并能将不等可能性的事件转化为等可能性事件。

4. 能将不确定现象发生可能性的大小进行灵活运用，通过开放式的问题引导学生自主探究两枚骰子的可能性情况，进一步发展思维的敏捷性。

① 本案例由彭雨越老师提供。

四、作业呈现

学校里特别设置了一场主题比赛——骰子的秘密，对于骰子同学们肯定不陌生，试着开动脑筋，领取任务卡完成以下任务吧！

任务一：骰子是什么形状的？为什么设计成这个形状？你能自己动手制作一个骰子并画出制作的骰子的展开图吗？

我发现骰子是______形状的，这样设计的原因是____________。 我画出的骰子平面图是：

任务二：观察骰子上的点数，你有什么发现？掷几次骰子，你又有什么发现？

我发现骰子的点数______________________________ ______________________________。 我发现掷骰子几次之后______________________________ ______________________________。

任务三：小巧和小亚正在下象棋，她们决定用掷骰子的方法来决定谁先开局，小胖在一旁给出了自己的建议，你同意小胖制订的规则吗？如果不同意你又能设计出怎样的规则？(见图 5-14)。

我________(同意/不同意)小胖制订的规则。

我修改的规则是________________

____

图 5-14　任务三

任务四：如果给你两枚骰子，你想研究哪些问题呢？试着用气泡图(见图 5-15)来思考一下吧！

① 请你尝试试验，并用所学的知识合理解释。

② 自愿选择呈现形式，与同学交流分享。

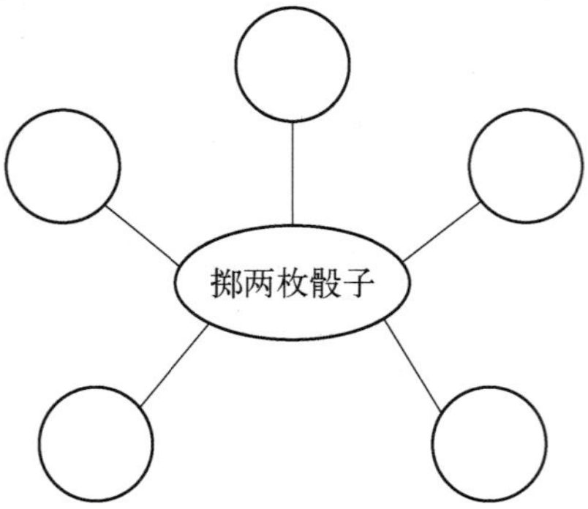

图 5-15　气泡图

五、作业成效

本次作业主要围绕学生身边很常见的骰子来进行，设计了一系列和其有关的练习，对于身边的事物，学生们的探索欲望和好奇心都比较强烈，且任务卡采用了层层递进的形式，由易到难，提升了学生完成任务的成就感，也给他们更多的信心去完成更难的任务。例如，在任务二中，让学生自己动手操作、观察，大部分同学可以发现骰子上有数字 1 到 6，且都有可能出现，能进一步思考的同学还会发现骰子相对的两个面上的数字之和为 7，发展学生的推理意识，且培养了学生的数感。任务三中，让学生分析了掷骰子的游戏，通过分析—比较—判断等步骤对数学数据进行分析，并且能有理有据地判断并说明规则是否公平，在表达规则的过程中发展数学的表达与交流能力，发展应用意识与实践能力，促进核心素养的培养。

学生在完成作业的过程中对于任务卡的形式十分感兴趣。除此之外，思维可视化工具气泡图的运用也能很好地打开学生的思维。有些学生的思维是比较单一的，如果没有气泡图，可能部分学生在思考到想要研究两个骰子的点数之和这一个方面后就停止思考，动手去研究了；但是给了气泡图之后，学生为了尽量多地填满小气泡，就会进一步思考我还可以从哪些方面去研究，进而锻炼他们思维的全面性，培养他们看问题的深度和广度，因此在之后的作业中，也可以多运用这些思维可视化工具，鼓励学生积极思考。

点评与升华

（一）通过贴近生活的情境促进知识内化，学会用数学的眼光看待世界

学生凭借已有生活经验与学习经验，对数学学习内容有一种模糊的、粗浅的、宽泛的了解，有“好像知道”“似曾相识”的浅层认知，需通过学习走向熟悉、走向顿悟，最终构建新的认知，完成知识的内化，成为自己知识体系的一部分。因此本次练习设计从学生日常生活中十分熟悉的骰子入手，给了学生一个研究对象，通过让他们自己观察、制作、研究骰子，从而能够巩固正方体的展开图、可能性大小等知识。

（二）引导学生进行有序、全面的思考，发展高阶思维的敏捷性

高阶思维的敏捷性以思维的灵活性、深刻性、批判性、独创性为前提，在正确领会知识、把握问题实质的前提下达到融会贯通，设计本质融通的练习恰好就能帮助学生快速而准确地理解问题，精准而有效地选择方法，清晰而高质地作出决策。

在任务一中学生需要自己观察骰子，画出骰子的展开图，在生成展开图的时候，学生需要搞清楚每一面所对应的骰子上的数字，并且正确、有序地画在展开图中。在此过程中，学生的"分析"能力能得到很大提升，且能引发学生思考为什么骰子要做成正方体，从而联想到正方体的特征，六个面的大小、形状相同，所以每个面朝上的可能性相同，并与之前学习的正方体的平面展开图相结合，进行知识的串联。

（三）利用思维可视化工具，引导学生进行整理

可视化思维应用的地方有很多，在任务四中，需要学生自行研究掷两枚骰子的问题，因此在这里会先提供给学生一个思维可视化的工具——气泡图。

运用气泡图，学生将研究主题"掷两枚骰子"填入当中，由此开始发散可以研究哪些问题，填入主题气泡周围的小气泡中，帮助学生的思考更加发散，更有广度，再从这些可以研究的小气泡中选择自己最感兴趣的一项来进行研究，最终生成自己的研究结论。

通过四个学习任务引导学生层层递进，串联组合、正方体特征及平面展开图、可能性大小、数据分析等内容，发展学生数感、空间观念、推理意识、数据意识，通过独立探索提高学生的动手实践能力和学习数学的兴趣，落实三会核心素养目标。大部分学生思维活跃，并且乐于思考，乐于实践，且能从实验入手一步步厘清思路，最终将研究结果进行汇报。

高阶思维的敏捷性以思维的灵活性、深刻性、批判性、独创性为前提，在正确领会知识、把握问题实质的前提下达到融会贯通，利用思维可视化的工具设计本质融通的作业练习恰好就能帮助学生快速而准确地理解问题，精准而有效地选择方法，清晰而高质地作出决策。教师设计的作业应该是能让思维的过程可见的，针对思维难点，提供思维的支架，设计作业活动的形式，指向思维过程呈现从而突破难点。

第六章

创意中延伸：
栽种一棵思想启蒙的大树

导　言

学校的主要任务不在于传授系统的知识，而在于激发学生对所学知识的兴趣和热情，并发展他们获得知识的能力。不要教给学生正确的答案，而应该引导学生独立解决问题，让他们自己去获得答案。

灵动二中心在基础性作业之上，以创设问题链、凸显个性化、提升自我效能的作业设计，增加学生的参与感，呈现出更多元的作业样态，回应“双新”育人方式的变革，支持学生灵动而有个性地发展、独立而有深度地思考。

学校希望顺应学生的性情激发思维，在自我教育中独立思考，成为有思想、"灵动"的新时代接班人。

学校在小学思维培育的作业改革探索与实践中还切合当前时代学生的思维方式与学习习惯，在作业设计中进行创新思维的探索，以创设问题链、凸显个性化、提升自我效能的作业设计为主，培养学生的问题意识，强化学生分析与解决实际问题的能力。

第一节　创设问题链的作业设计

一、感受问题链

问题链是教师根据教学目标和认知规律，从学生的实际出发，以启发学生思维为核心设计的一系列问题，引导学生层层深入，分析并解决问题。

二、理解问题链

教师要借助问题，培养学生的自主探究能力和自主学习能力；同时加强引导，采用不同的方式，以兴趣和任务驱动学生积极思考，加深理解与认知，落实作业目标。

三、运用问题链

运用问题链，给学生提供空间，让他们自由思考，促进知识的迁移，在深入探究的过程中把握要点，突破难点，发展思维，提升素养。这是以问题为纽带、以知识发展和思维发展为主线、以师生合作互动为形式的新型作业模式。

案例 6-1 ①

利用问题链驱动数据分析意识

——以"折线统计图的认识——概率统计"作业设计为例

一、设计意图

聚焦问题：学生直接运用真实资料了解统计与生活的紧密联系，根据单式折线统计图上的信息进行数据分析的能力以及发现数学问题的能力较弱。

作业设计主题：以问题链驱动数据分析意识。

二、学情分析

本课是沪教版四年级下册的"统计"单元中"折线统计图的认识"。本课的教学重点是让学生了解折线统计图的特点，能从折线统计图上看明白数据变化情况，并回答相关的简单问

① 本案例由张念老师提供。

题。关于数据统计图的知识，学生在二年级上和三年级下已经学习过条形统计图，并具备一定的数据分析能力；本课也可以为初中学习“复式折线统计图”打下基础，在小学及初中数学纵向学习中，本课具有承上启下的作用。

三、作业目标

1. 进一步理解并掌握折线统计图的特点，能比较熟练地读图，并对折线统计图的数据进行解读、分析。

2. 运用折线统计图解决简单实际问题，感知折线统计图的价值。

四、作业呈现(见图 6-1)

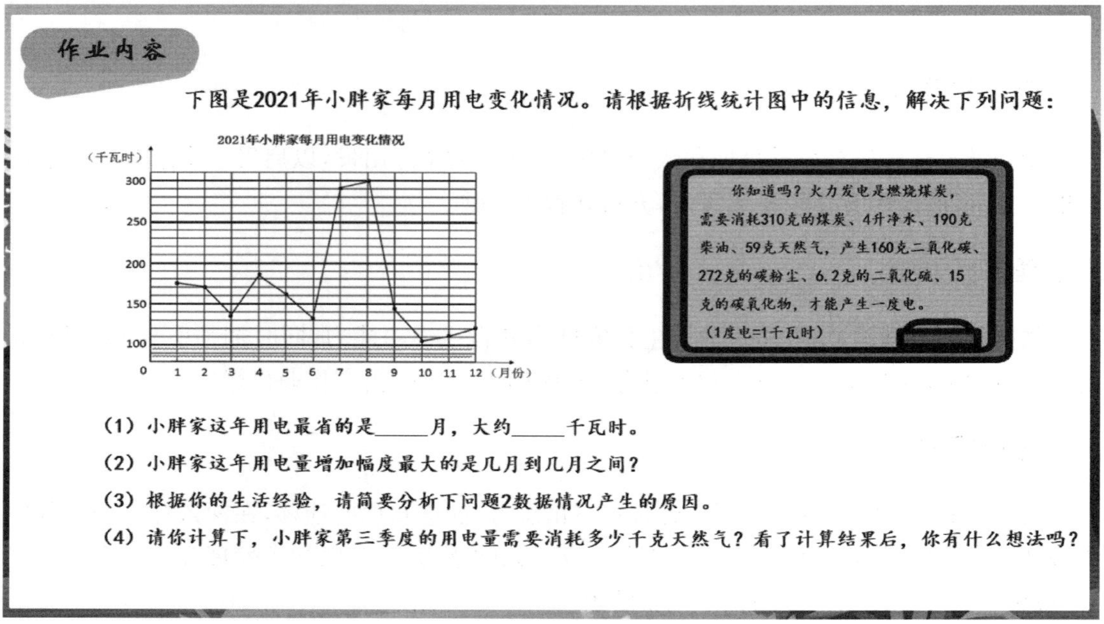

图 6-1 作业内容

数学是一门讲究逻辑的学科，数学知识有特定的生长方式，教师需要引导学生去感知“是什么”“为什么”“从哪里来”“到哪里去”等问题。在小学数学练习中，教师应把握学生立场，追寻数学逻辑，让学生亲历数学知识的形成、发展、拓展过程，使学生知其然，更知其所以然，培养理性思维和科学精神。因此，设计深度练习的一个重要前提，就是了解教学内容的背景、本质和拓展方向。

(一) 引入性问题

这里以“小胖家一年用电量”的情境引入，引导学生对折线统计图进行分析。在激活学生背景知识的同时，又能唤起学生的求知欲，从而解决最基础的引入性问题。

问题 1 学生可根据折线统计图的数据呈现特点较为轻松地得出“用电最省的是几月，大约是多少千瓦时。”学生在观察折线统计图的横轴和纵轴信息，且因为表示电量最少的点所对应的纵轴刻度没有标记数据，需要学生进一步思考纵轴一小格表示多少，从而精确表示 6 月所消耗的电量。这样的问题不同于一般浅表问题，例如，横轴表示什么？纵轴表示什么？纵轴的一小格表示多少？因此学生既掌握了横轴和纵轴信息，同时思维的自然涌动促使学生深度思考，也为问题2的数据对比埋下伏笔，凸显“用电量最高和最低”之间的差值，以及节约用电的必要性。

（二）诊断性问题

学生以初步建立的数据意识为基础，独立分析折线统计图中的数据特点。此过程可诱导学生暴露错误和薄弱环节，需要教师重点关注，并及时指出学生的误区，鼓励学生进一步探究难题。在进行问题2的解题时，学生需要广泛收集题中给予的数字信息，并通过比较、鉴别、明确异同等高阶思维，深入细致地分析它们的区别和联系，在理解透彻问题意图、整理清楚解决每个问题需要的适当条件后，才能自如地求解3。

（三）弹性化问题

解决这一问题时，教师让学生结合实际生活经验，学习用自己的语言进行表达，并给他们预留了广阔的思考空间和时间。如此既提高了数学教学的“弹性”，还让学生成为数学课堂的主人，极大地提高了他们学习数学的兴趣。结合已经形成的数据意识及实际生活经验，学生在用数学的语言表达现实世界的同时，通过思维融合性的思考，以思维的流动带动学生更加合理地分析并解决问题3。

（四）总结性问题

学生在进行数据分析时，需要关联“季度”“单位换算”“小数点移动”等知识，并加以迁移应用。如此设计可以帮助学生结合新知与旧知，构建新的知识体系。将“冰冷”的数学知识赋予“生动”的信息关联，并加以迁移运用、推陈出新，好奇心和想象力就会不断激发，跳出常规、富有创新的思维就会不断涌现。也会立足节约环保的世界观，实现“小题”可以“大作”，让学生体会到用数学的思维思考现实世界。

上述四种类型的问题组成的问题链，让学生的数学思维从浅表走向深刻，低阶走向高阶。

五、作业成效

在学生独立完成作业时，以初步建立的数据意识为基础，独立分析折线统计图中的数据特点。此过程可诱导学生暴露错误和薄弱环节。因此在后续课堂中进行分析时，教师应重点关注存在的问题并给予及时反馈。首先鼓励学生提出他们不懂的问题，然后组织学生讨论并进行数据分析，最终以具体的数据和作图形式板书呈现。个性化的表达和多向交流让课堂充满活力，这种活力带来层层递进的学习动力，进而提升学生的自主探究能力。

点评与升华

（一）从体验到创造

数学学习过程就是学生数学思维活动的过程，学生会在其中“再体验”“再创造”数学知识。独创性表现在能从与众不同的“新”角度观察问题、发现本质。精心设计信息关联性强的练习，有助于学生主动联系不同的数学知识或知识的不同表征，从而主动架构起认知链条，产生与他人截然不同的方法和思路。

（二）递进式问题设计

递进式问题设计是问题链形成的核心，旨在通过一系列层层递进的问题，引导学生逐步深入思考,拓展思维空间。在设计递进式问题时,教师要注重问题的启发性与探索性,遵循由易到难、由浅入深的原则,激发学生的探究欲望,培养他们的创新能力。

案例 6-2 ①

基于归纳演绎设计问题链,促进低年级学生科学思维品质提升

一、设计意图

科学思维是从科学的视角看待客观事物的本质属性、内在规律及相互关系的方式,包括模型建构、推理论证、创新思维等。本次作业设计以"问题链"的方式呈现,以此来促进低年级学生科学思维品质的提升。

1. 确定聚焦问题。主题依据牛津版《自然》二(下)第七单元"运动"的第二课"让球同时落下"。聚焦问题:物体在同一高度同一时间下落的快慢与什么因素有关。

2. 确定问题链的起点。基于教学目标与学情,并与学生的生活经验、原有认知相关。

3. 设置问题与方式。采用小组讨论合作、自主探究等方式,逐步提高难度。

二、学情分析

二年级的学生在日常生活中已经积累了大量有关物体运动的感性知识,在一年级"推和拉""物体的运动需要能量"的学习中已经初步认识了力、能量和物体的关系;在一年级的学习中也已经开始培养观察、比较、合作、交流的能力,在此基础上引导儿童通过研究典型实例,进一步积累关于力和运动的感性知识。

为了更好地了解学情,在此次的作业设计中加入预想环节进行一个提前的猜测,也因此可以对学生的基本认知进行一定的判断和了解,以便后续进行更好地统计与分析(见图 6-2)。

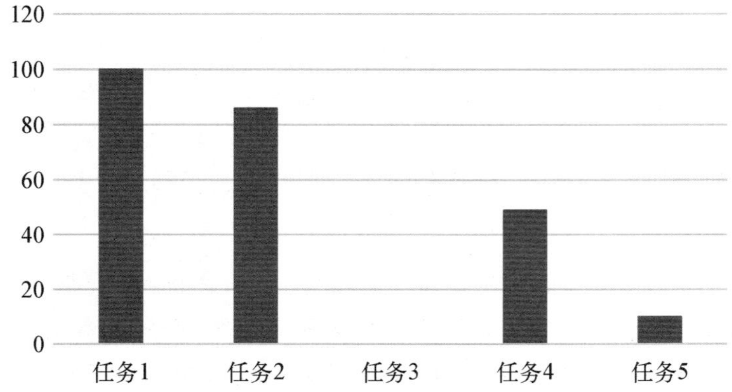

图 6-2 任务正确率统计

① 本案例由吴伟婷老师提供。

根据数据统计发现二年级本班的学生只有任务一中的活动单正确率为100%，后续问题中的正确率都有较大的偏差，说明学生对于影响物体下落快慢的原因并不清晰，只对于同物体同质量同形状的物体有正确的认知。

三、作业目标

1. 知道物体的下落快慢与物体的轻重没有必然关系。
2. 能初步理解物体受到的空气阻力影响了它的下落速度。
3. 知道在科学领域回答一个问题时，收集证据是重要的，对解决问题学会运用做出猜想、实施实验、观察分析、推理总结的方法。

四、作业呈现

“问题链”作业设计内容

导入：老师手上有个乒乓球，如果松手它会怎么样？（演示），基于生活中的经验，所有同学都会回答“乒乓球会落下来”。

1. 如果让两个完全一样的乒乓球从同一高度同时落下，它们会同时落地吗？

小组实验探究。实验材料：两个相同的乒乓球。

任务单一：把你认为可能出现的情况，在下面的□里打“√”（见图 6-3）。

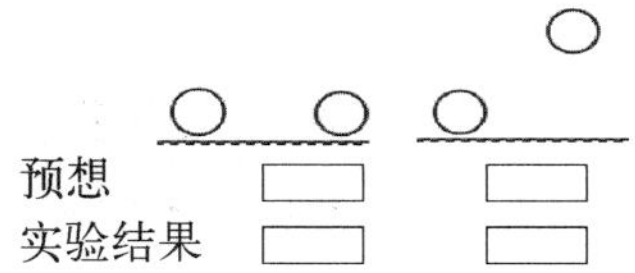

图 6-3　任务单一

学生通过实验推理得出：两个相同的物体从同一高度同时落下会同时落地。

2. 如果换成不同的物体呢？从同一高度同时落下，它们会同时落地吗？

小组实验探究。实验材料：羽毛、乒乓球、白纸、透明胶等。

任务单二：把你认为可能出现的情况，在下面的□里打“√”（见图 6-4）。

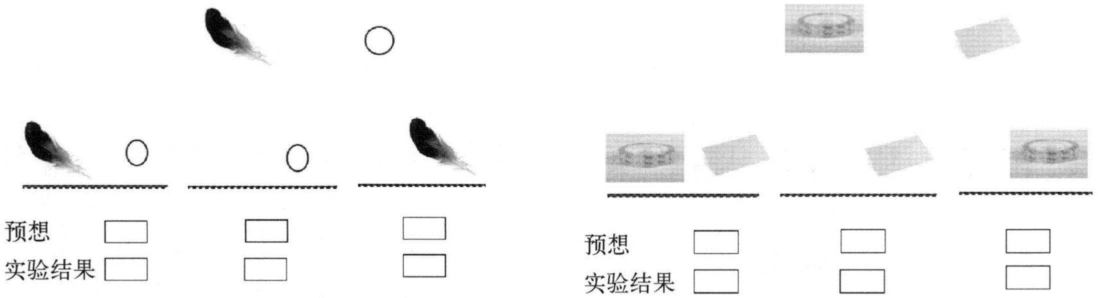

图 6-4　任务单二

学生通过实验推理得出：从同样的高度下落时，不同物体的下落快慢会有不同。

3. 那么是不是重的物体下落得更快呢？

小组实验探究。实验材料：两个乒乓球，其中一个注水（使其变重）。

任务单三：把你认为可能出现的情况，在下面的□里打“√”（见图 6-5）。

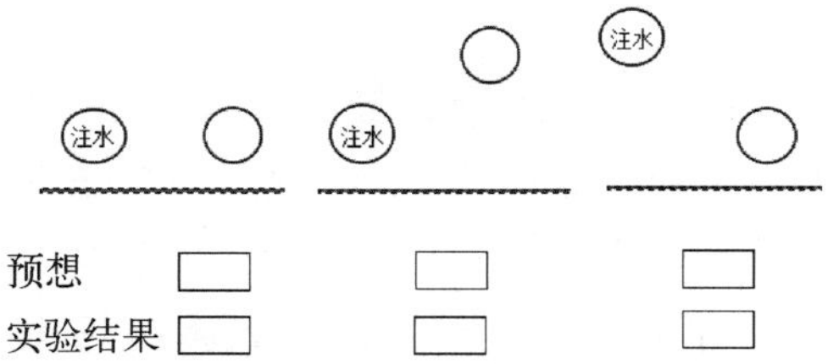

图 6-5　任务单三

学生通过实验发现：两个轻重不同的乒乓球几乎同时落下。

4. 同一高度物体下落的快慢与轻重没有关系吗？那究竟与什么有关呢？

小组实验探究。实验材料：粉笔头、吹气保鲜袋。（吹气保鲜袋比粉笔头重）

任务单四：把你认为可能出现的情况，在下面的□里打"√"（见图 6-6）。

学生通过实验发现：轻的物体先落地，重的物体后落地。

回顾对比三组实验：白纸和透明胶中的实验中重的物体先落下、在轻重不同的乒乓球实验中两者几乎同时落下、在粉笔头和吹气的塑料袋实验中，轻的物体先落下。

学生通过三组实验推理发现：在同一高度下落时，物体下落的快慢和物体的轻重没有必然联系。

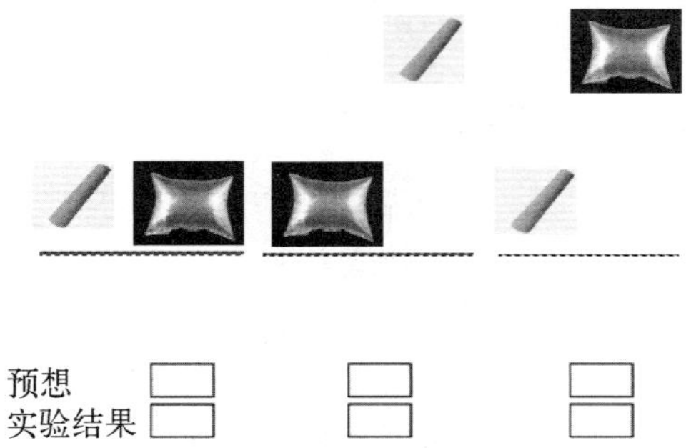

图 6-6　任务单四

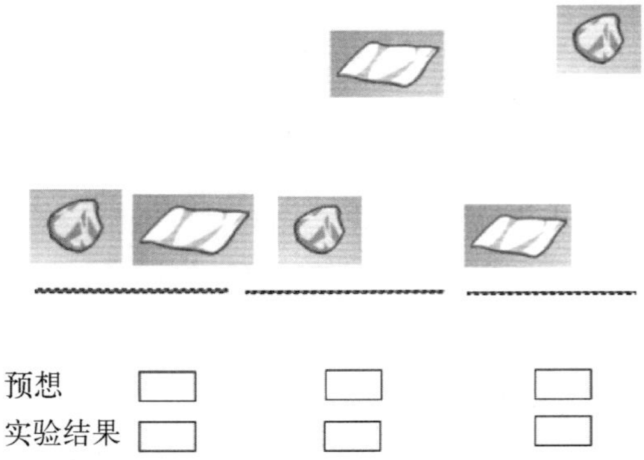

图 6-7　任务单五

5. 那么物体下落的快慢究竟和什么有关？

小组实验探究。实验材料：大小相同的两张纸。（轻重相同、形状不同，一张展开、一张揉成球）

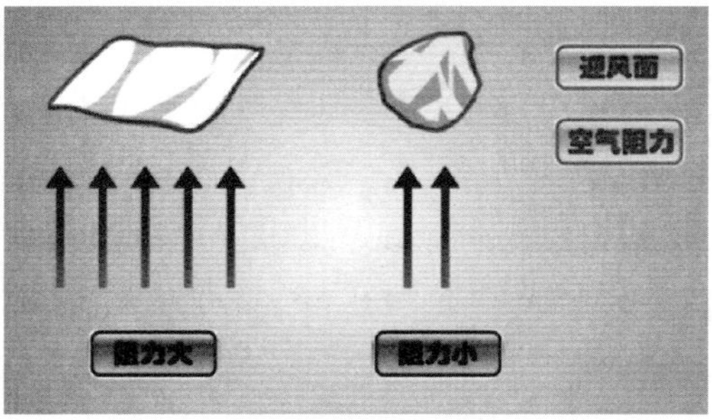

图 6-8　实验示意图

任务单五：把你认为可能出现的情况，在下面的□里打"√"（见图 6-7）。

学生通过实验发现：在改变形状后，同样轻重的纸下落的快慢不同（见图 6-8）。物体下落的快慢与其轻重没有必然的联系，并由此猜测可能和阻力有关。以此实验为例介绍空气阻力，小结：物体受到的空气阻力影响了它的下落速度。

五、作业成效

本次作业主要选择递进性问题链的方式和探究式问题链的类型进行设计，以达到起点问题切入口低，任务 1 中所有同学都能根据原来的认识做出正确猜想，接下来的延伸问题任务 2—4 中，在起点问题基础上提出，将学生的学习引向深入，甚至由学生自己提出，最后任务 5 又在前续问题的推理归纳上进行提炼，使学生能有全面而深刻的理解。

（一）“链”在分解上，主问题下的次问题设计，让问题呈现细化

递进式问题链是一种为学生搭建的支架，避免学生遇到困难的问题卡壳。物体的下落快慢和什么有关这个问题对于二年级的学生来说，问题较大，学生凭猜测也可能会出现不同答案，有些可能与生活中的观察经验有关，有些则只是随意猜测，因此，针对这个主题和教学重点，教师将主问题链进行逐步拆解、细化，由简单入手，通过同类比较（任务 1）从相同物体的下落情况到不同类比较不同物体的下落情况（任务 2、任务 3 和任务 4），联系其内在规律进行推理归纳，并得出结论物体下落的快慢与重量没有必然联系。

（二）“链”在关联上，帮助学生建立良好的认知结构

在拆分之后，再次进行关联整合，比较形态不同的相同物体，并回到问题链的主问题：探究物体下落快慢的因素。在之前任务的基础上进行归纳比较，尝试新的发现（任务 5），并以事实为基础，对事物进行概括，进而建构模型。在拆分的任务中学生已经知道并通过推理归纳发现物体下落的快慢与物体的重量没有必然的联系，在最后整合任务的过程中比较形态不同的相同物体，根据实验中的现象证据，推理出结论。在此过程中的知识产生是用科学探究的过程所得出的主张和建构的知识。

（三）“链”在推理上，助力学生思维发展

在这一条问题链中，学生主要通过实验探究的方式进行不断推理，基于实验中的证据，进行分析与综合、比较与分类、归纳与演绎。从球类到生活中常见其他物体羽毛等，从具体物品到概念物体，是个别到一般的过程。通过这次问题链的设计使学生明白解决问题需要通过反复地猜测、实验、观察和分析推理，实验课的过程也如同一个问题链呈现在学生面前，在推理得出结论之前，需要经历模型建构、推理论证，在这一过程中不断整合现有知识，提升科学思维。

点评与升华

（一）主体性和可操作性

学生是课堂的主体，在选择任务材料的时候考虑到二年级学生的可操作性和教学环境的实际情况，将教材中的足球改为乒乓球，符合学生在课堂上的可操作性。

（二）层次性和关联性

以“物体在同一高度同一时间下落的快慢与什么有关”这一问题为主问题链，先从整体上进行拆分：物体→相同的物体（乒乓球）和不同的物体（羽毛和乒乓球、白纸和双面胶）。再从特性上进行拆分：相同物体→轻重不同的相同物体（注水和没注水的乒乓球）、不同物体→轻重不同的不同物体（粉笔头、吹气保鲜袋，吹气保鲜袋比粉笔头重）。最后再进行整合：相同的物体→形态不同的相同物体（轻重相同、形状不同，一张展开、一张揉成球）。通过观察、比较、实验等方法让学生发现不同的物体在同一高度的下落有快慢的不同、知道空气阻力会影响物体的下落。

问题链像一座桥，链接教与学之间的通道。在这些问题中能发现从个别到一般、从一般

到个别的推理过程，使所授的知识随着问题链传递、接受、反馈，帮助学生提升认知水平、突破思维界限、丰富思考方式，逐渐培养学生的质疑能力和学科探究能力，形成良好的问题意识和问题解决能力，在归纳演绎中"链"系心得。

第二节 凸显个性化的作业设计

教育心理学认为，人的思维活动和实践活动紧密相连，思维的基本过程是分析与综合，而分析与综合的基础在于实践活动。在个性化作业设计时，教师要从内容和形式两方面着手，设计具有探索空间的问题。内容上，设计的问题须符合“最近发展区”，避免太易或太难。形式上，教师要根据作业目标，更多地设计一些探索类、发散类的问题。

一、注重内容

作业设计产生的效果好坏主要取决于设计的内容。教师是个性化作业的设计者，在设计作业前对作业实施的各环节必须有较充分的预设。在设计作业时要做到深思熟虑、心中有数，考虑到学科特色作业的具体特点：既有作业的学科性质又有活动性质；既有学科知识的应用又有适度拓展；既有室内完成的也有室外完成的；既有个体完成的也有小组合作完成的。

二、注重形式

个性化作业的设计形式必须符合学生的年龄、心理等特点，采用既生动又活泼的形式小学生就能积极主动地投入作业中。教师设计的个性化作业的表现形式要多种多样，例如，资料收集型、调查研究型、归纳整理型、动手操作型等。此外，教师还要为学生提供探究的时间。苏霍姆林斯基曾说过“自由支配的时间是学生个性发展的必要条件”。必须给予学生充分的自主学习时间，否则探究就成了一句空话。

案例 6-3 ①

小学数学低年级长周期作业设计与实施

一、设计意图

（一）聚焦问题

学生对于度量技能的使用较为薄弱，在长度数据的读取时容易读错进而导致后续计算判断的错误。

（二）内容分析

本课是沪教版一年级下册“几何小实践”单元的“长度比较与度量”。本课的教学重点为让学生在探究活动中发现并掌握长度度量与读取的方法，几何小实践中的长度比较与度量

① 本案例由徐嘉庆老师提供。

两课，对于一年级学生是全新的知识。

（三）寻找不同

长度与度量是一年级学生需要初步接触的几何小实践，长度与度量的知识与以往的几何小实践有所不同，在今后的学习中需要学生自主收集数据完成练习。因此，长度与度量的练习设计，与之前的几何小实践作业相比自主性更强。但更需要严格的标准去完成。

（四）界定概念

《义务教育数学课程标准（2022 年版）》在“第一学段（1—2 年级）”中提出“体验物体长度的测量过程，认识常见的长度单位，形成初步的量感和空间观念”。

（五）提出假设

长度与度量的知识虽然简单，却更加注重学生的实践，在实践中获得直接的经验对于学生掌握本单元的知识非常重要。短周期的、单次的作业并不能很好地满足学生的实际掌握。因此，在设计作业时，笔者尝试使用长周期作业的形式。结合自然学科知识提出简单的数学问题，并尝试运用所学知识和方法解决问题。在解决问题的过程中，感悟分析问题和解决问题的基本方法，感受数学在日常生活中的实际应用，形成初步的几何直观和应用意识，在分析、评价中让学生经由认知到元认知阶段，促进学生高阶思维的发展。

确立作业设计的主题：在长周期作业中实现数学技能的巩固与数据变化趋势的初探。

二、学情分析

一年级学生对于长度的单位认识，如何读取长度的数据并将它们进行比较，对于只在课堂中通过媒体展示而获得知识的他们来说，还会存在一定的困难。但是活泼好动乐于探索勤于思考是他们在数学学习中的优势。因此，适宜将课堂知识置于具体生活场景中，应用长度的知识、数学的眼光观察生活，并初步探索对于数据的收集与分析，观察事物发展的趋势。

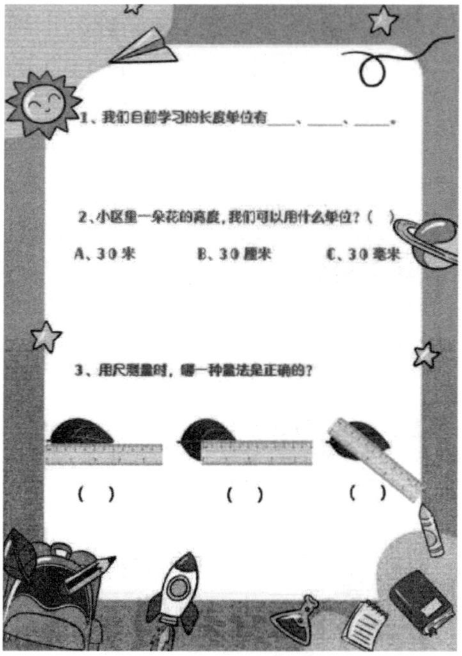

图 6-9　复习小测试

三、作业目标

1. 通过实物，直观比较并区分厘米与毫米单位的不同。

2. 能够自主地读取长度数据并记录。

3. 对数据加以分析，并能通过数据趋势得出简单的结论。

四、作业呈现

我们已经学习了长度以及度量有关的知识，现在请一起来复习一下，检验自己的学习情况（见图 6-9）。

植物的生长与阳光水分等因素息息相关，同样的一种植物因为条件的不同，最终所能生长的高度也会不同。请在家中或小区中选择两株品种相同的植物，对其进行观察。有条件的同学可以将两株植物放置于不同的环境中，比如一株向阳一株背阴，或者一株坚持每天浇水一株一周才浇一次水。利用 14 天的时间，使用你喜欢的测量方法，观察其中一片叶子，每天读取一次植物叶片的长度，并记录在表中(见图 6-10)。

14 天的时间，相信两株植物已经呈现出两种截然不同的状态了，相信你的手中也拥有了充足的数据。仔细观察你记录下来的数据，试着说一说你发现了什么？

在自然课上，自然老师也向我们介绍过植物生长所需要的条件有哪些，通过这次作业你有没有发现和自然书里说的一样呢？具体内容记录在图 6-11 中。

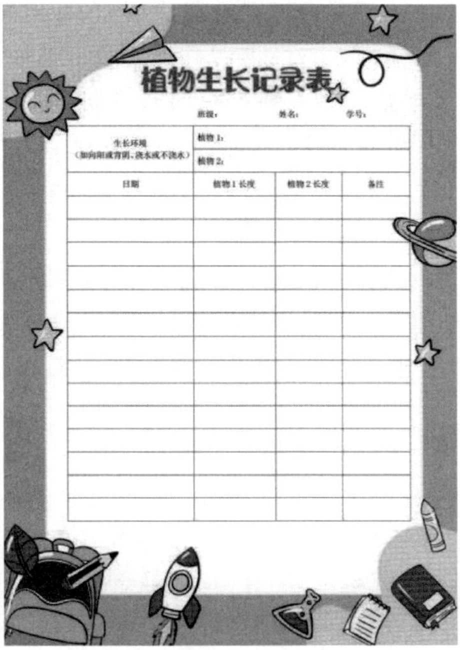

图 6-10　植物生长记录表

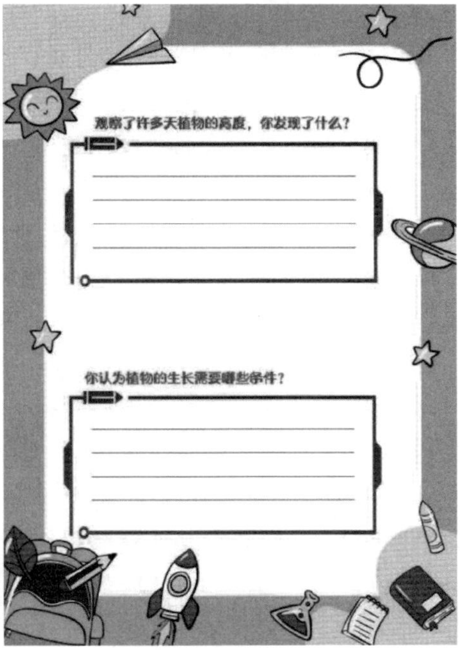

图 6-11　记录图

五、作业成效

本次作业从学生身边易获得的材料入手，将已学习到的测量方法作为作业日常实践的工具。学生第一次完成以 14 天为周期的作业，每天记录，坚持打卡，培养了持之以恒的学习态度，养成良好的学习习惯。

本次作业大胆尝试将数据这一重要的内容交给学生自己负责。同时，数据收集的完成并不意味着作业的完成，只是完成了作业的第一步。学生要在连续的数据之中，寻找趋势，有所发现。因为数据的不确定，最终每个学生所得到的结论、分析得到成因都是不同的。第一步的数据收集是对课堂知识的记忆在新情境之中再使用的过程，第二步对于数据的处理与分析则是将新情境之中的问题进行数学的分析，对数学内容进行一定的延伸。

本次作业设计让学生的发展经由认知向元认知递进。例如，长度测量、读数与记录动作是学生将课堂所学知识与方法的再现，认知的对象是具体的知识方法。学生在进行以上三个动作时，会有意识地控制这一过程，明确三个动作，对于后续结果的重要性，无法精准测量数据或在连续的测量中中断某一次数据的记录都会对最终结果产生影响，并有意识地控制这一行为连贯顺畅地进行下去。于是就产生了元认知发展的一个重要特征，即对当前认知活动的意识过程、调节过程。

点评与升华

（一）长周期作业的流程也是作业设计的一部分

本次作业是一次长周期作业，需要完成的天数为 14 天，与学生说明作业的流程中，需要用到的测量工具以及度量技能。最后需要向学生说明，之所以为长周期作业，需要通过每天度量观察获得新的数据，辅助得出结论。对于学生可能会提出“什么时间去测量？今天与昨天测量的结果一致怎么办？”等问题，教师也应将其视作作业的一部分，提前规定学生普遍可以接受的测量时间，例如，放学后或进校前。明确长周期作业的特点、流程以及细节更加有利于学生完成作业，在长周期作业中享受收获的喜悦，培养高阶思维。

（二）学科融合，全面发展

在自然学科的配套练习中，已出现要求学生利用条形统计图去完成作业，但是条形统计图的知识并不属于一年级第二学期的数学学科的教学内容的情况。数学作为基础学科，为学生的探究提供了工具，本次作业设计也可以视作为自然学科提供了探究场景与任务，有助于提高学生的综合应用能力。

（三）可反复实践的示范性

作为一个单元长周期作业，与练习册的作业相比递进层次明显。其次作为一个实验型的长周期作业，内容涉及植物的生长，作业的季节性也应该被考虑其中。长度与度量的知识学习时间在一年级第二学期，大致的时间在 5 月—6 月，这一时间段是适宜植物生长的季节。因此，本次长周期作业具有可反复实践的示范性，能够在今后的教学活动中使用。

个性化作业中教师让学生结合画面观察，并展开合理想象，把自己所做的、所看到的、所想到的按一定顺序进行小练笔，培养学生的观察能力和表达能力。学生学会运用感官去观察，动手制作，并真实地体会他们的所得。作业设计上，教师结合学生课内学习到的有关植物描写的角度，如形态、颜色、用途等，引导学生有机整合，使学生既学到语文知识，又在手工创作中提高劳动学习的趣味性。在观察、画画、剪剪后，再说出相对应的单词，这样学生更容易理解学习内容，理解得更透彻更快，还能培养学生的动手操作能力和理解能力，提高学习兴趣才能让他们主动学习。

第三节　提升自我效能感的作业设计

一、理解自我效能感

美国著名心理学家班杜拉在1977年定义了自我效能感，是指对自己能否完成某项任务的自信程度。自我效能感包含结果预期和效能预期。结果预期是指个体在特定情境中对特定行为会产生的可能后果的判断；效能预期是指个体对自己有能力达成某种作业水平的信念。人的行为很大程度上受效能预期影响。

二、运用自我效能感

理解“自我效能感”的教师，会对学生持有积极的态度，使学生对自己充满信心、勇于挑战，获得更多体验成功的机会，从而增强自我效能感。

学校就作业管理做好学科素养、学科特色、学科资源三方面的统筹，并将立德树人、五育融合纳入作业管理中，延伸出提升自我效能的作业设计。通过具有学科特色的作业设计，培养学生能问善思的深度思考力、能言善辩的卓越表达力、能舞善动的多元表现力。成功的体验是学生积极归因、自我效能感的主要来源，所以教师应采用各种方法创新作业设计，增加学生在完成作业练习中获得成功的体验。

案例6-4 [①]

以音乐创编作业提升学生自我效能感

一、设计意图

歌曲《小红帽》选自上海音乐出版社二年级下册第二单元音乐童话主题第四课。在完成歌曲教学后，笔者设计了递进式的长作业——创《林中小红帽》，在音乐情境创编中鼓励学生发挥创意和想象，学会思考与探索有效的实践方式完成该作业，从而达到有效提升学生自我效能感的目的。

作业以歌曲《小红帽》的旋律为创作主题，引导学生想象《小红帽》的故事，启发学生联想并运用打击乐器、人声或模拟声去表现森林中的情境，通过音乐要素的变化来代表不同的角色形象，以律动或歌唱表演来叙述故事情节的发展，在全体学生的合作参与下完成这场富有情趣的音乐情景剧《林中小红帽》。

二、学情分析

低年级的学生喜欢童话、善于想象、天生爱表演。但音乐情景剧对二年级学生来说，还比较陌生，所以在设计时既要考虑发挥个性发展能力，又要加以引导。因此主线贯穿任务须由教师担

① 本案例由程敦老师提供。

当，但学生可以充分发挥的方面也很多，比如，剧情的编创，角色的动作表演，道具的制作与准备。活动中，教师应充分相信学生的创作及表演能力，同时又要起到良好的主导与调控作用。

三、作业目标

此项长作业通过音乐情境创设，鼓励学生乐于思考，积极体验，勇于探索，引导学生能综合运用歌舞、表演、打击乐器等多种形式进行自信表达。通过创作过程培养学生的思维品质，有效提升学生自我效能。

四、作业呈现

（一）作业一：利用身边的物品，模拟森林里有趣的声音

情境创设：小红帽要去森林深处的外婆家送糕点，大森林的早晨是怎样的？

交流：小鸟叽叽喳喳地叫着，阳光透过树枝照在草地上，微风轻轻地吹着，树叶在风中沙沙作响……

问题引导：你能利用身边的物品，模拟森林里有趣的声音吗？

成果展示：用鸟鸣器或口哨声模仿鸟叫声，滚奏风铃或铝片琴模仿小溪潺潺声，对着空瓶子吹气模仿风声，用摩擦塑料袋表现树叶被踩碎的声音……

成果展示—学生自评—奖励快乐博士章。

（二）作业二：自制小乐器，伙伴合作为歌曲伴奏

问题引导：小鸟伴随着小红帽轻快的步伐，也有节奏地唱起歌来，你能和伙伴们一起讨论创编合适的节奏型，并用自制的小乐器为歌曲伴奏吗？

学生：交流各自小乐器（塑料袋、沙锤、玻璃瓶、筷子），小组讨论，创编合适的节奏型，尝试合作伴奏。

成果展示—学生互评—奖励基础知识章。

（三）作业三：角色扮演，有感情地歌唱表演《小红帽》

情境创设：故事中的小红帽活泼可爱，勇敢大方。而大灰狼凶猛可怕，阴森狡猾。人物形象鲜明。

问题引导：你能发挥想象，装扮成你喜欢的角色，一起有感情地歌唱表演吗？看看谁表演得最生动形象。

成果展示—教师点评—奖励歌唱章和表演章。

五、作业成效

（一）模拟音响，培养问题解决能力

在音响创编作业中，学生根据教师创设的森林情境，想象出各种画面，经探索尝试，选用了鸟鸣器、口哨来模仿鸟鸣声，家里有风铃和铝片琴的学生也尝试出用滚奏风铃或铝片琴的方式来模仿小溪的清澈流动声。对于森林里的风声，可以对着空瓶子吹气来模仿，还能通过对空瓶吹气的不同力度来调控风的强弱声。而用摇晃沙锤的方式最适合模仿树叶的沙沙作响声。小红帽来到森林中，踩在被风吹落的树叶上，“咔嚓咔嚓”异常清脆，像极了塑料袋相互摩擦的声音，学生通过尝试发现塑料袋的选择也很有讲究，要选厚实一点的，拿捏的时候还要轻柔一些，这样摩擦出来的声音才能更集中更清脆。这一活动内容培养了学生的问题求解能力和自信心。

（二）小乐器伴奏，培养团队合作能力

在伴奏作业中，需要学生自制打击乐，并创编合适的伴奏型。在空矿泉水瓶里装些豆子和米粒，就成了一个自制的沙锤，一开始学生摇晃沙锤的姿势不太标准，伴奏松散，经过小组讨论、对比尝试，总结出动作要领，摇晃时应平拿乐器，靠手臂带动，动作要干脆有力，这样才能在较紧密的伴奏型中使声音集中整齐地发出。学生自制的玻璃瓶乐器音色和碰铃相似，它的演奏就比较多元化了，可以敲在重拍上，也可以讨巧地敲在弱拍上，主要考虑和其他乐器之间演奏效果的平衡感。

在大家一起演奏时，学生一开始没能注意到团队合作问题，有时会你争我抢，只管声音响，忽略了和音乐速度及拍点重合的重要性。后经过交流反思讨论，知道了心中时刻要有拍点，耳朵要聆听音乐伴奏，所有的一切都需要和谐稳定的道理，这也是对学生决策力和团队合作能力的培养。

（三）角色扮演，培养创新能力

情景表演的作业，主要引导学生将《小红帽》的故事有感情地演绎出来。学生通过角色分工扮演故事里的人物，"小红帽"戴了红帽子，围着红丝巾，拎着竹篮，里面装满了糕点盒子。"大灰狼"自制了头饰，披着灰色的毛毯，夹着粗粗长长的尾巴，形象栩栩如生。还有的选择扮演森林里的花草植物以及小动物，伴随着音乐做各种造型。这些装扮充分体现了活动对学生创新能力的培养。

大家还通过讨论得出小红帽出门去看望奶奶时的心情非常愉快，演唱速度欢快。当心有大灰狼时表现谨慎，演唱时充满紧张感……由此，整首歌曲的情感表现就非常生动形象了。

教师根据学生的创意装扮及表演，及时点评，用鼓励性语言指出不足之处，用赞美的语言肯定他们的优点，并赠送歌唱章和表演章，进一步提升学生的自我效能。

点评与升华

（一）若干个递进式小作业，激发学生参与创作的积极性

艺术创作通过长作业的形式布置给学生，既有优点也有不足。优点是让学生回家思考探索实践，给学生充足的时间和空间彰显个性。不足之处则是无法及时了解每个学生完成作业的过程中是否遇到困难。把长作业分解成若干个小问题，则很好地解决了这个问题。学生可以在课上按小组分工领取任务，如选出角色演员，讨论音乐要素的变化，设计简单剧情。课后学生自行准备相应的道具，设计动作及造型并排练，并穿插在三节课中完成分类展示与评价反馈

（二）将正向评价机制纳入作业设计，提升学生自我效能

在提升自我效能感的过程中，适当的言语鼓励和情绪唤醒都是很重要的因素。在本次作业设计中，教师充分表扬学生的优点，适当指出其不足。同时，教师设计了经验分享环节，最大限度地让每个学生获得相关有效经验，并且激励学生互相交流借鉴，对自身的行为结果抱有乐观的预测，在此过程中提升自我效能感。

案例6-5[①]

探索思维启蒙，作业评价助力自我效能提升
——以“中国非遗文化我知道”单元作业设计为例

一、设计意图

一直以来，信息科技的课堂上常常出现：教师讲授时，学生感觉“一看就会”失去耐心、不参与听讲；实践操作时，却发现“一试就废”放弃参与、觉得自己学不会。这样的现象导致学生时常呈现出自我效能感较低的状况，课堂参与度不高。

因此，在本案例中，笔者以作业的形式引导学生自主探究，通过环节设置，层层递进，逐步提升学生自主探究的有效性。在活动中，将学科活动中的技能操作导向核心素养的落实，以评价表引导学生自主提炼、反思、总结学习过程，再有针对性地提供拓展。最终，得以促进学生学习的自主性，实现学生自我效能的提升。

二、学情分析

“中国非遗文化我知道”是三年级信息科技获取信息这一单元的单元作业。在之前的单元主题中，学生已经学会使用记事本输入中文以及复制粘贴等计算机的基本操作。在这一单元，学生主要学习使用浏览器以及利用搜索引擎获取信息等，为后续学习文字编辑软件做好准备。

三、作业目标

1. 能够自主选择合适的信息技术工具检索信息；
2. 能够综合运用浏览器中的搜索引擎结合复制粘贴操作，完成信息的获取；
3. 能够借助学习资料，独立探索，对获取到的信息进行组织和加工；
4. 通过与同伴交流和分享信息采集成果，提升信息意识，体会信息分享的满足感；
5. 对中国的非物质文化遗产具备初步认识，增强文化自信；
6. 通过评价表的互评与自评，对比反思他人和自己在完成作业过程中的能力水平的优势与不足，总结经验助力后阶段的学科能力提升。

四、作业呈现

本单元作业主要分为两个部分，小小调查员记录表（电脑上完成）和任务单（纸质填写），下面分别来进行介绍。

（一）“中国非遗文化我知道”小小调查员记录表

该记录表（见图 6－12）以文字编辑软件的形式在计算机上呈现，需要学生通过使用浏览器和搜索引擎检索信息后将需要的信息复制粘贴到文档中。本环节学生在完成的过程中，有一定的综合运用要求，不仅需要使用键盘输入、复制粘贴——巩固先前知识，而且需要通过搜索引擎检索信息——诊断了单元内操作的掌握程度。此外，区别于之前键盘输入时用到的记事本，这份电子任务单是以文字编辑软件的形式呈现的，它是学生使用 word 的初体验，在潜移默化中预先熟悉文字编辑软件的操作。

---

① 本案例由吴诗雨老师提供。

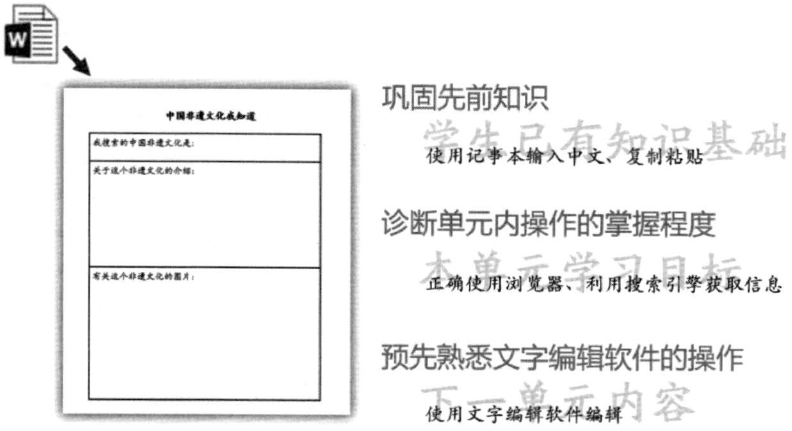

图 6-12　小小调查员记录表

（二）“中国非遗文化我知道”任务单

该任务单共有四个板块，环环相扣，层层递进，分别导向不同的素养方向。

第一板块——作业准备，结合当前科技热点，由学生自主选择一种方式进行主题的前期了解，导向信息科技素养中的信息技术工具选用能力。

开始任务前，你选择了什么方式来了解中国有哪些非物质文化遗产？（　　）

① 网上搜索　② 智能语音小助手（小度、小爱同学……）　③ chatGPT　④ 其他

第二板块——作业要求，在电脑上综合运用已学知识自主探索完成电子任务单，指向信息科技学科素养中的信息加工能力、信息意识以及语文学科的语言组织能力。这一板块中，对电子任务单中的易错点进行了提示和错误案例展示，为学生独立完成提供了一定的支架和参考。

第三板块——成果分享，通过与同伴分享交流信息获取成果，内化检索的信息，体会信息分享的满足感，提升信息意识。

第四板块——作业评价表（见表 6-1），以核心能力、核心素养和习惯为观测点，量化评价结果，促进学生的反思与同伴间的相互学习。学生在完成第三环节与同桌交流分享调查结果后，先进行互评，再进行自评，通过自评和互评思考自己在项目完成过程中值得改进的地方并记录。这一环节将整个作业设计中所涉及的核心能力、核心素养以及习惯等悉数呈现，引导学生通过互评自评进行反思，促进直接经验和间接经验的汲取。

表 6-1　作业评价表

评价内容	观测点	作业评价指标	做到的写下星星数量	
			互评	自评
核心能力	信息需求 分析能力	清楚作业要求，按要求操作（★）		

（续表）

评价内容	观测点	作业评价指标	做到的写下星星数量	
			互评	自评
	信息技术工具选用能力	正确使用浏览器打开搜索引擎(★★)		
	信息收集与管理能力	根据需要选择明晰的关键词收集所需信息(★★★)		
		根据情况进行复制粘贴操作(★★)		
	信息加工能力	根据实际情况调整文字格式,使内容更方便阅读(★★★)		
	语言组织能力	根据采集需要,选择符合主题的文字,重新组织(★★)		
核心素养	信息社会责任	规范使用互联网,浏览安全的网页(★★★)		
	信息意识	根据文字内容辨别并选择相匹配的图片(★★★)		
		利用完成的信息采集表,交流和分享信息(★★★)		
习惯	日常操作习惯	正确关闭计算机(★★)		
总计(星星数量)				
思考:我能改进的地方____				

五、作业成效

笔者根据本文开头确立主题时意图解决的三个问题来分别进行作业设计的反馈分析。

(一) 学生自主探究有效性的提高

在本作业中,电子版的作品成果需要他们综合运用现有知识和当课内容自主完成。这样的形式很容易落入低效率的探索而耗费大量时间。本作业设计时适时提供给学生支架,指出易错点,明确探究方向,确保学生有效地开展自主探究。

(二) 技能操作向核心素养的转变

在信息科技的课堂上,要将技能操作从课程的主体位置脱离出来,使之成为学生提升信息科技核心素养的媒介,是当下教学探索的重要方向之一。本设计做了一次尝试,将这些难以界定的内容利用评价表量化具体清晰地呈现出来。评价指标对标在本单元的课程中所涉及的核心能力、核心素养以及课堂上一直在不断引导的日常习惯。通过评价内容与观测点的清晰呈现,使学生能够通过阅读评价标准,清楚地了解这份作业想要达到的素养目标、能力目标、习惯目标。在学生作业的过程中,明确了目标,有了清晰的指向性,学生明显更倾向于以评价表中的素养能力方向为标准而努力。

（三）自我效能与学习动力的提升

学生自我效能的提升是本作业设计意图解决的核心问题，突破口在于班杜拉所提出的影响自我效能感的要素，即“个人亲历的成败经验、观察他人的替代性经验、通过言语说服获得的鼓励、情绪唤醒”。

在前两个问题的解决过程中，也一定程度地帮助学生提升自我效能：有效的自主探究使得学生作品质量大大提高，学生有成就感，更认可自身的能力水平；评价表中清晰的目标指向，量化评价结果，也非常利于他们总结成败经验。

此外，该作业设计中的自我效能提升还体现在下面几个部分。

（1）有趣的情境设置。“课前准备”环节，既从生活中来，又结合当前热点，学生兴致盎然；以“中国非遗文化”为主题贯穿始终，代入情境、驱动任务，学生乐在其中。

（2）积极的情绪反应。“成果分享”环节，通过与同伴分享交流，内化检索的信息并获得愉悦的情绪反应，学生的成就感和愉悦感进一步提升。

（3）成败经验和替代性经验的总结。“个体亲历的成败经验”是自我效能信息最主要的来源。换句话说，学生通过亲身经历，形成的对自己能力的评价是极为有效的。“作业评价”环节，学生分享成果后，利用评价表，先对同伴的作品进行评价，再进行自我评价，通过自评和互评思考自己在项目完成过程中尚且存在的问题并记录。在完成评价表的过程中，学生自然地依据标准开始进行比较，不少学生提出了“他的作品比我的好在哪里?”,“他的做法不错下次我也试试”这样的想法。而环节最后的思考，更是将评价表的量化结果导向同伴间观测点的比较和反思，学生信息应用能力在得到提升的同时，反思、分析、总结的学习能力也得到了锻炼。在这一板块中，学生通过反思、分析、总结自身的成败经验以及同伴的替代性经验，找到了改进方案，并非常乐于再次尝试，希望能做得更好。这也是自我效能的提升带来的学习动机的加强。

点评与升华

（一）设置更富生趣的主题情境

设置了有趣的非遗情境，情境设置得代入感越强，学生参与学习的积极性就越高，后续的设计实现效果也会更显著。

（二）设计后续分层拓展练习

在最后环节，学生经过评价表的比较反思，呈现出极高的二次尝试的渴望，这时如果可以根据评价表的不同结果，给予分层练习，便可满足不同层次学生尝试自主拓展的需求，使得信息科技的学习真正成为学生的兴趣所在。

学生在完成作业的过程中，会将自己现在的成绩与过去的成绩进行比较，看到进步之处；在小组合作中，小组共同努力达成一个目标，只要有进步即为成功，就能得到奖赏。这样通过增加获得成功体验的机会，增强学生的自我效能感。

教师在教学过程中引导学生选择、运用和掌握良好的学习方法，让学生从“学会”到“会学”，达到“教是为了不教”的目的，充分发挥学生的主体性、培养学生的自主学习能力。

在思创作业设计改革的探索与实践中，教师训练学生善于深入条件和问题的本质去揭示它们的内在联系，既善于把握条件和问题的全局，又不忽视条件和问题中的重要细节和关键之处，使作业练习具有一定的广度与深度。只要如此持之以恒，一定能提高学生的解题能力。

学校通过一系列层次丰富、贴近实际的创新作业形式，以学生的全面自由健康发展为根本目的，个性化地提升自我效能。灵活多变的作业，启迪学生智慧，活跃学生思维，帮助学生超越书本、超越课堂，深入生活、深入实践，在真实而充盈的体验中幸福成长。

第七章

凝聚向心力：
成就一批灵动的教师

导　言

常有人问：师资培养靠什么？靠大量输入“新鲜血液”吗？靠自然法则的“优胜劣汰”吗？还是靠严格规范的“培训育人”？灵动二中心的回答是：凝聚力。

灵动二中心的教师对学校的办学理念与发展愿景高度认同，并将其作为自己教育教学的追求。在学校党支部引领下，学校教师队伍筑牢思想之基，补足精神之钙；团队互动合作文化与完善的研训机制，犹如建立在基石之上的台阶，让教师的每一步都走得稳妥，走得灵动。

第一节　培根铸魂引领教师发展

党的二十大报告强调要培养高素质教师队伍，并在全社会营造尊师重教的良好风尚。学校党支部立足新时代教师队伍建设的要求，找准教师队伍建设的着力点和突破口，努力造就一支素质硬、业务精、水平高、口碑好的灵动教师队伍。

一、聚焦思想引领，铸牢教育信仰

习近平总书记指出“教师思想政治状况具有很强的示范性。要坚持教育者先受教育，让教师更好担当起学生健康成长指导者和引路人的责任。”学校党支部牢牢掌握意识形态工作主动权和领导权，以铸牢新时代中国特色社会主义的教育信仰，培育新时代中国特色社会主义的教育情操，抓实教师学习，引导全体教师自觉将“立德树人、教书育人的责任感与使命感”内化于心、外化于行，以德立身、以德立学、以德施教。

我们强调学习要注重“三个结合”，即与提高思想政治素质结合、与创造性地贯彻落实中央重大决策部署结合、与解决工作中的实际问题结合，使学习过程成为完善发展思路、破解发展难题、推进改革创新、提升工作水平的过程。

我们将“把方向、破难题、谋发展”作为干部学习的要求，“悟思想、强党性、做表率”作为党员学习的要求，“立师德、提素养、育新人”作为教工学习的要求，提升师德素养，落实立德树人根本任务，争做“四有好老师”，把学习成效转化为投身教育改革的强大动力和工作能力。

二、完善机制，把好人才培养关

根据“党管干部，党管人才”的要求，党组织要主动担负起学校人才培养的重任，建立健全人才培养的机制，创新教育人才“选、培、用”全周期设计，提高分层分类培养的针对性、实效性，为学校可持续发展提供人才资源。

学校构建发展有序的梯队培养机制。以标准化引领规范化，建立“新秀→优青→骨干→名师”的梯级教师选拔与培育体系，提升教师人才体系的质量。

学校采用多元多维用人机制。定期对学校教师队伍状况进行系统化梳理，重点对学校人才库的优秀教师进行动态追踪，根据其在教育、教学、教研、科研和管理等方面的能力优势，结合学校实际和岗位需要，适时地为其创造更高的平台，为学校高质量发展提供人才支持与保障。

三、加强团结凝聚，把好服务保障关

学校党支部着力团结凝聚师生方面的主导作用，通过健全党内外激励关怀帮扶机制，统一思想、凝聚人心、化解矛盾、增进感情。

青年教师刚踏上工作岗位，有着融入团队、适应工作的需求。于是，我们成立了青年教师研修团队，对其开展规范化培训，通过专家指导、同伴互助，让青年教师的教学基本功得到提高，沟通合作能力得到增强，使其迅速适应角色。

激励有助于满足教师对自身的认可，能让每个教师充满成就感、价值感和幸福感。引导青年教师制定个人规划与发展总目标，并从职业素养、育德能力、教学技能、专业研究四方面制定具体规划。对于完成目标者，学校给予表扬鼓励，提供各种学习、锻炼和展示的机会，助其进一步成长。鼓励成熟期教师追求卓越，引导其积极参加学历进修、职称评审、骨干教师申报，使其获得工作的价值感和成就感，提高教师自觉追求幸福的原动力。

第二节　数字密码促生团队文化

我校孕育“灵动教师”团队文化是一个双向的过程，团队自发的内生力和管理者有意识地推动，最终的目的是在平衡中达到和谐，这同样也符合我校“对称平衡”的哲学思想。

文化的象征形式有三种：语言的使用，表述；规则、机制以及仪式、典礼等社会交往模式；物质的具象化表现，如吉祥物、徽章、Logo 等。

我们将学校的核心价值观化作“数字密码”，通过其代表的象征意义，推动校园中共同文化的发展，最终达到理想中的社团文化、角色文化、任务文化、合作文化（见表 7-1）。

表 7-1　灵动教师团队文化

团队管理要素	团队文化模式
确立目标的层级	教研组、年级组及其他项目团队
确立目标的过程	以各层级团队的集体价值观为基础
目标与决策的管理	根据各层级团队的目标进行决策
决策过程的性质	在价值观框架下的理性过程
结构的性质	团队文化的物质体现
与外部环境的关系	价值观的来源
管理风格	象征意义

一、独特而美好的“0”

“0”取“灵”的谐音，代表灵感、创意、有灵气，又表示圆满、和谐、自洽。

（一）团队文化模式中的校长“0”距离

校长是学校的领军人物，影响着整个学校的文化和氛围。校长的价值观和教育理念，必将激发学校师生的信仰和动力，增强师生的自信。校长的影响力主要来自思想、领导、专业、品格等四个方面。

那么，校长有哪些独特的方式来发挥其中心支配能力呢？

1. 校长下午茶——做教师的“树洞”

茶余饭后，约个时间，倾听一下教师的唠叨，帮他们分析一下工作困难的成因，对教师的付出表达一下肯定的态度，出于心、发乎情。暖心下午茶是我校“灵动教育”办学理念下的品牌活动，至今已持续举办了五年。作为架起校长和师生之间沟通交流的“连心桥”，“暖心下午茶”以一种柔和的方式传递校长的理解力、沟通力、应变力、包容力。

2. 下沉式管理——在调研中传递价值

在教师成长需求的调研中，教师认为校长和教师最好的沟通工具是一个积极的、支持性的评估过程。他们希望在沟通中听到校长的表扬肯定、中肯的意见和建议。这样沟通之后，他们就知道接下来需要考虑的重要目标。

在“对称平衡”哲学思想指引下，一所灵动学校的管理者，精神榜样与行动榜样相辅相成。教师是一个专业性很强的职业，校长作为“师者之师”，其重要性不言而喻。下沉式管理以“调研”的方式展开，校长每学期一次参加各部门的例会或者教育教学展示活动，全程参与并当场与相关教师进行现场沟通，既全面了解了各部门工作情况，又是校长的理念引领和方法指导，以及平等和谐的沟通态度。

（二）角色文化模式中的中层“0”失误

角色文化注重的是组织的规划设计，学校根据正式职位来分配中层管理团队的个人职责，并训练组织成员完成特定的任务。所谓在其位谋其职，基于角色文化模式，行政管理团队能产生高度责任心和高度默契度，形成一支高效的管理团队。

1. 以德为先，而后立业

我校的教风是“立言立行 立德立业”。有些教师教学专业顶呱呱，为人处事老练，善思善事，能吃苦，这样的教师是否就适合管理岗位呢？遵循我校“对称平衡”哲学思想，我们遵循用人以德为先，即容才、容言、抗压、抗怨。

2. OKR（目标与关键结果）工作法

“分工与协作”是管理团队始终贯彻的方针。学校的工作方方面面，纷繁复杂，稍有差池，便会产生不良后果，在管理的赛道上找到底层逻辑，便能产生高效的管理文化（见表 7-2）。

表 7-2　OKR 工作法管理工具

本周关注的任务	OKR 当前的状态
未来一个月的计划	**状态指标**

OKR 工作法由英特尔公司创始人安迪·葛洛夫提出，是一套明确跟踪目标及其完成情况的管理工具，核心在于明确目标，强调指标的量化，用来衡量这段时间结束时是否达到了目标。

“德”就像是角色文化模式中的“0”，而 OKR 工作法，犹如“0”前的数字，随着目标达成度而不断地增值。

（三）任务文化模式中的成长“0”风险

学校的发展一直以培育优秀教师为重点，并努力营造优秀教师的成长氛围，为选拔学校后备干部做好准备。

1. 常态互动，持之以恒

构建“常态互动”的日常工作运行机制，夯实“常态互动”的针对性和有效性。结合自己的实际工作，梳理要落实的常规，坚持抓，持续做，有记录，有反馈，把常规的“小事”做精，做久，做成个人品牌。

2. 项目推进，善于研究

学校根据总体需求与教师个体特点，组建了若干项目团队承担学校重大项目，为青年教师的发展搭设了任务驱动型舞台，给予他们突破自我的空间。在“项目推进”中选拔有思想、会创新、善于结合校园文化的教师，推动教育教学工作发展的研究。

（四）合作文化模式中的职初“0”起点

青年教师犹如新苗，需要在合适的土壤中成长。成熟教师宛若大树，更为坚韧，可以扶携新人。学校为入职五年内的青年教师搭设成长的互助平台，以老带新，形成优势辐射。结合学校发展需求与青年教师的个人特点，形成了三种类型的组团模式。

1. 桃李结对型

一位青年教师至少有一位及以上的师傅持续带教，即“点对点”师徒结对，起到更好的传承作用。

2. 雁阵效应型

我们将青年教师分为三个小组，分设三名小组长，主要带动落实每周校本研修课程学习与实践，在团结协作中使每位青年教师都有收获。

3. 自我管理型

团队成员自由组合，自主分派工作，共同承担评价结果，培养青年教师的综合能力及责任担当。

我们知道，团队规模越大，结构就越复杂，亚文化形成的可能性就越大，而彼此产生冲突的可能性就越高。对此，我校将“0”的象征意义充分挖掘，把灵动办学理念下的教师团队进行分层，再分别打造与其匹配的文化模式，通过四种文化模式的分类，从而做到“纷繁而不乱”，这就是灵动教师团队文化的秘诀所在。

二、谐音出道的“2”

作为一个吉祥如意的数字，“2”的谐音更是在教师团队文化的创设中起到了重要的作用。

（一）“2”是爱与平等

2021 年 9 月，上海市中小学全面实施全员导师制，我校作为试点学校，积极开展全员导师制工作,“心动联盟”导师制项目应运而生。

1. 从心出发,营造和谐的师生关系

基于“学生意愿和个性特长最优化”的原则,我校在每年新生入校一个月后推进结对活动。

在游戏中选择导师。考虑到刚入学小学生的身心特点,借助游戏形式进行导师结对,缔结导师与学生间的情感纽带。

我们的特殊“暗号”。结对成功后,每位导师预先定制了印有“暗号”的手环,在营造和谐的师生关系上走出了第一步。

2. 灵魂契合,打造稳固的帮扶模式

(1) 四个步骤,彼此熟悉

一封自我介绍信。导师亲笔写一封介绍自己的信,在信中教师会介绍自己生活中的特点,让学生了解教师的“小秘密”,拉近彼此的距离。

一份问卷。让导师了解学生在生活中的一些“小秘密”,以便“投其所好”。

一次谈话。“投其所好”选择话题,使彼此多一分亲切和轻松。犯错了耐心引导,学生进步了及时表扬,彼此之间多一分信任。

一个电话。考虑到小学生的年龄特点,每个学期我校导师都会和家长进行电话沟通,交流结对情况、聆听家长需求。

(2) 心系假期,保持温度

暑假开展“我的心语心愿”互动交流活动,让学生把新学期的小心愿、小秘密或是小梦想写下来与导师分享。此外,在学科拓展活动中,导师利用学科特长,线上指导学生开展丰富多样的活动。

(二) “2”是知行合一

知行合一是指要不断抓住变化、适应变化,同时以初心使命指导行动。我们只有秉承“立言立行,立德立业”的教风,不断擦拭内心的尘埃,才能使行动不断优化升级。

同时,知是行之始,行是知之成。在区域实践性循证的研究特色引领下,我校“思创作业”研究通过问卷调查、测评、观察、访谈、实验等不同研究方法,搜集了大量真实数据,大大提升了开展实证研究的意识和水平。在教研过程中,教师切实体验到实证研究的严谨及其正向效果,这对教师专业成长起到了十分有益的推进作用。

(三) “二进制”助推管理变革

积极应用大数据技术推进学校教育管理工作是时代的要求,学校近年来通过建设一个平台、实施两种机制、落实三个维度,为教育管理决策提供良好的数据支撑,形成便捷高效的管理模式,并就数字化转型背景下的教师专业发展展开探索。

1. 组建优质信息团队,加强教师信息化能力

结合学校当前教育管理队伍的现状,对信息化数据进行全面收集和有效分析,不断提升教育管理队伍的专业能力。同时,团队成员应辐射各个学科教师,落实范围包含学校、教师和学生每个维度。

2. 信息化管理平台搭建与使用

自2016年起，学校启用“灵动二中心”微信公众号作为信息化宣传平台，并在此基础上开发了系统高效的“灵动乐园”平台，包含“通知接收”“作业管理”“社团工作”“校园评价”等板块，在学校、师生和家长之间建立起信息互通的良好机制。“灵动乐园”是促进学校创新发展的理想型管理框架，最终推动着学校管理模式的变革。

3. 优化管理制度，保障信息安全

学校的信息化管理平台包含了大量师生相关信息，如果这些数据在使用过程中安全管理工作不到位，会对学校教育管理工作带来不利影响。因此，需不断完善和优化学校信息化管理制度，保障学校信息安全。

第三节　运算法则铺设成长阶梯

一、轻负"—"：教师研修机制的优化与变革

2021年，"双减"政策正式颁布，该政策直接指向教学研究和作业研究。学校在教师研修中进行机制的优化改革，结合小学思维培育的作业改革探索与实践的研究来达到减负增效的目标。

（一）意义与思考

教师工作中输出的价值观念及行为方式构成学校工作的质量因素，对学生素质提升起着至关重要的作用。学校立足发展，优化研修工作机制，畅通研修工作渠道，以不断更新教师教育观念、挖掘教师潜能为抓手，提高教师队伍整体素质。

1. 用先进思想武装大脑

学校以时代性、针对性为依据，精心挑选学习内容。如全国和上海市基础教育工作会议的决议、精神和以习近平同志为核心的党中央，向全国广大教师和教育工作者的讲话，让教师了解新时期教育发展对教师的总要求；学习有关先进人物的报道，加深对新时期教师的师德师风和无私奉献精神的认识；对社会热点话题、素质教育的焦点话题进行讨论，在讨论中碰撞、在讨论中提高，通过增强教育教学效益实现为学生减负等。

2. 用信息技术武装行动

基于教育数字化改革需要，学校以"培养一名教师，带动一班学生，推动整个校园"的教育数字化能力提高为目标，让每一位教师都为建成学校管理平台、教师教学平台、学生学习平台贡献智慧。我们鼓励教师在平日的教学中使用计算机、希沃白板等多种媒体，在不断的实践中积累信息化教学的经验与得失，提升数字化平台建设质量，让现代技术真正赋能减负增效。

3. 架起理念与实践的桥梁

为建设一个团结互助、能培育"灵动"教师的乐于奉献的优秀集体，学校通过为教师减负、优化研修工作机制等，促使教师教学业务功底不断扎实、教学严谨认真、科研气氛浓厚。那就必须建起理念与实践的桥梁，即课堂教学与作业改革。通过改革让学生的进步可以观察、检测，可以让他们向正方向发生可喜的变化，为学生成长赋能。

（二）突破与重构

现在的教育中存在着一定程度的无效教学情况，题海战术盛行，没有切实提高学生高层次思维能力与创新精神。

其中一个重要原因在于作业本身质量不高。比如，习题没有针对性，导致学生盲目练习；题型单调，思考程度较低；数量多、重复率高，导致学生厌倦等。学校面对现状，打破常

规，通过基于作业设计的校本研修来提高教师对于作业设计探索的意识与积极性。

1. 基于思创作业设计的校本研修

“双减”政策实施以来，学校不断突破原有做法，在限制作业时长、控制作业难度以及提升作业质量方面，取得了一定成效。学校进行机制重构，顶层设计组建“思创作业”项目组（见图 7-1），优化研修工作机制，加大理论学习与作业设计培训力度，提高教师对作业设计探索的理解和认同。

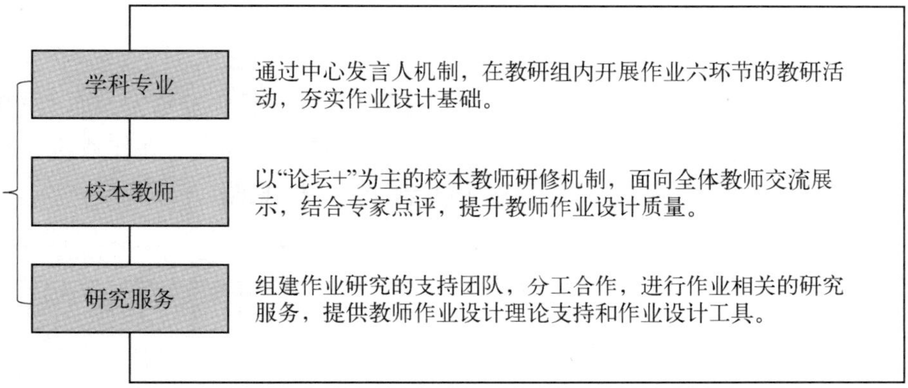

图 7-1　思创作业项目架构

（1）学校思创作业项目顶层设计

➢ 路径 1：学科专业教研

在学科专家的指导下，以教研组为单位开展学科作业研究，学习学科课程标准和学科作业设计的理论和案例。教研组以上海市高质量作业设计为蓝本，形成学科作业设计的基本流程（见图 7-2）。教研组作业研讨主要包含理论学习、作业设计、课堂呈现、作业实施、作业成效、案例总结六环节。通过中心发言人机制，从教学前的作业和教学后的作业作为切入点，研讨课时作业的设计、实施和成效反思，逐步积累基础性的学科作业设计案例，夯实学科作业设计的基础。

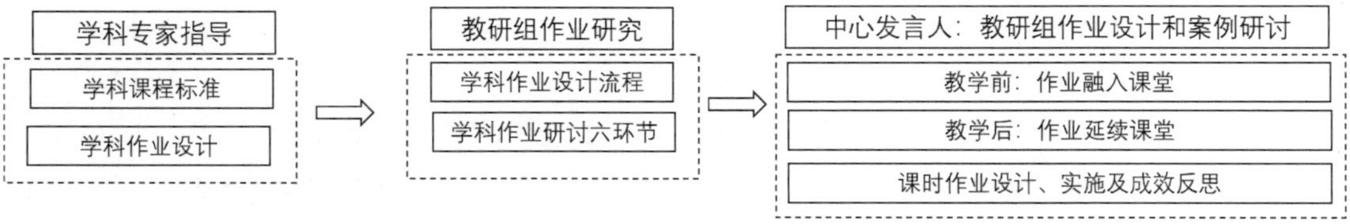

图 7-2　作业设计路径一

➢ 路径 2：校本教师研修

在课程专家的指导下，以学科团队为单位开展核心素养、高阶思维和作业设计的理论学习，整合语数外、音体美各学科各年级的作业资源，提炼其作业设计亮点，在校本作业论坛展示学科特点的基础性作业设计和案例，同时邀请专家点评，提炼作业设计的亮点，进一步提高作业设计的质量（见图 7-3）。

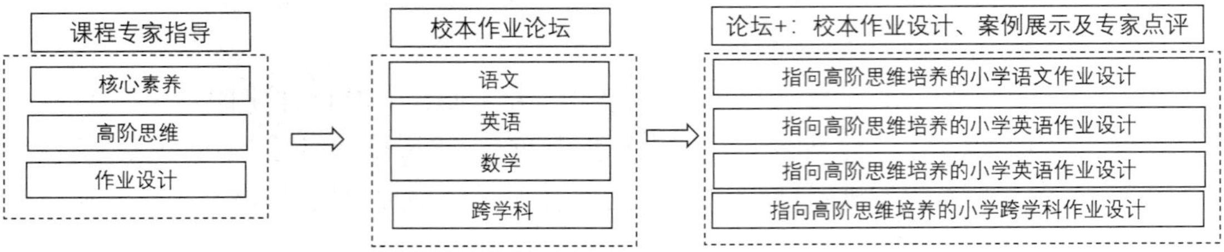

图 7-3　作业设计路径二

➢ 路径 3：研究服务团队

基于作业设计主题，搭建研究服务团队。研究服务团队进行作业资源整合、评价理论学习、作业理论学习及作业工具设计，并提炼作业研究项目的各个要素。在作业研究团队中分工合作，提炼撰写作业调查报告及基础性作业设计研究报告（见图 7-4）。

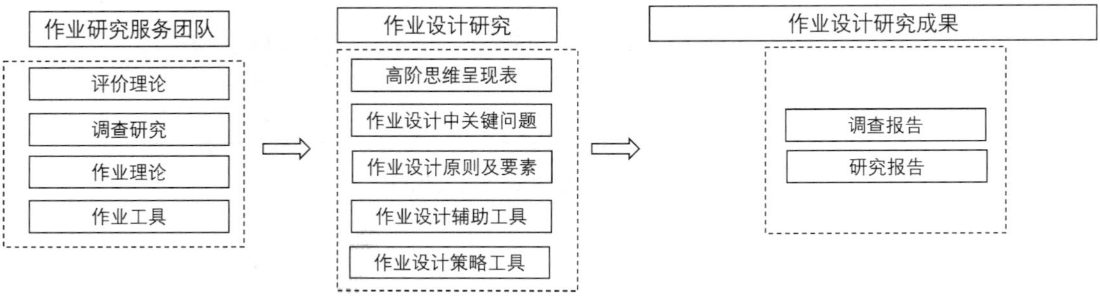

图 7-4　作业设计路径三

2. 思创作业的校本研修流程与模式

学校通过优化校本研修流程和实践培训模式，组织不同学科的教师开展组内合作研究。以“论坛＋”的形式开展作业论坛加专家点评的研修形式，通过学分评价的考核模式，发现教师作业设计中的亮点和短板，积累作业设计的案例成果，最终达成提升教师的作业设计能力的目标。基于思创作业的校本研修，学校注重提高教师对于作业设计探索的理解和认同。

➢ 要素 1：体现学校育人本质

教育要回归到“人”，提高教师对于作业设计探索也要回归到“人”。要关注育人，心中要有学生，一切以学生的发展为本，给予学生正向传导，让他们通过作业感受到教师的关注和情怀。

➢ 要素 2：符合学生成长规律

学校的使命是遵照人的发展规律培养人才，教师要设计符合不同年龄段的学生成长规律的作业，循序渐进、因材施教。尊重学生兴趣爱好，激发学生学习热情。

➢ 要素 3：遵循理论结合实践

一是加强教师的教育理论学习，以教育理论引导和规范作业设计。二是加强教师的学科知识学习，明白自己学科的作业应当具有的样子，准确把握作业的形式、数量、难度等因素。三是加强教师的学情分析能力，进行学情分析培训，并采取以班级为单位、班主任牵头的学情调查与研判机制，准确定位每个学生的学科认知水平。

3. 创建思创作业的交流机制与平台

学校创新教师专业发展的交流机制与平台，采取多种方法提高教师作业设计的能力和水平。

➢ 研修“论坛+”

学校构建“论坛+”的研修活动形式，在每周学科教研活动中安排出作业设计的主题；在每月全体教师学习时间开展作业研究反思专项主题教研展示；通过每学期专家进校园主题活动等，在有效交流中不断提升课题教学与作业设计的能力。

➢ 研修工作坊

学校开设研修工作坊，统编教材联合教研组，在组长江怡婷、王灵娜老师的带领下，以定期、定点、定主题的活动方式，每期设立一位中心发言人，组织成员对统编教材进行全面、深入地研读，包括教材分析、单元设计、优质课观摩、专题学习、课题交流等。通过成员之间的交流、分享，增强课堂实践能力，从而有效地提高课堂教学与作业设计的效率。

学校经常邀请市、区教学专家来校进行专题讲座。小组成员都格外珍惜这些与专家面对面交流的机会，认真倾听、积极互动，请专家答疑解惑。长期坚持与积淀，提高教师对作业设计艺术性、吻合性、贴近性、实践性的重视，进而逐渐提高执教水平。

同时，学校还以学科为单位，开展以“小学思维培育的作业改革探索与实践”为主题的教师作业设计展示课活动，教师针对同一课设计不同的作业，共同探索提高作业设计水平。学校大力畅通研修工作渠道，形成了具有丰厚理论知识、丰富实践经验的教师团队，涌现出许多优秀的作业设计案例。

（三）实践与分析

1. 有效组织教师研究实践

➢ 关注学情研究和分析

教师在设计作业时，需全面了解每个学生的学科水平和家庭环境，关注他们在各个学习阶段的成长变化，依据科学的数据进行科学合理的层次划分，实行动态化管理。

先研究学生，再制订设计要求。在常规班级授课，既要研究同一班级中学生学习的共同特征，又要注重学生个体发展的差异性。结合本校学情，设置不同层次的练习，激发学生活力，促进形成学生主动学习、主动发展的局面，提高全体学生素质，促进思维发展，培养创新精神和实践能力。

教师认真研读绿色指标，以掌握知识技能、发展智力的作业练习为基本目标。巩固练习设计具有针对性，能紧扣教学目标，结合教学内容，突出教学重点；常规练习设计考虑学生的接受能力，注意知识的前后关联，尤其是对于后续知识的延伸拓展。

同时在作业设计时应重视各年级知识的系统关联性，让不同层次的学生都有所提升。一方面考虑知识的巩固、深化；另一方面以旧带新，让学生通过练习构建知识网络，提高对知识的整体认知水平。

➢ 加大“备作业”力度

“备作业”是教师备课时的重要任务，需熟练驾驭，让作业目标明确、巧妙精干、具有代表性。一是要认识到作业在整个课堂教学活动中的位置、比例、作用，将其作为拓展、温习、检测的重要手段。二要合理规划课堂作业与课后作业的比例及目标指向。课堂作业是对课堂所讲授知识的即时巩固，主要是解决“当堂清”的问题，一般简单明了、目标针对性强，可以在短时间内完成，在这一过程中及时发现问题，为教师的授课及时提供检测和指导依据；课外作业则是课堂作业的延伸和实践拓展，应设计一些具有迁移作用的题目，可以适当加大难度，供学生探究使用，特别是要设计一些动手实践的作业，帮助学生提高实践能力。三要加强作业形式的研究，在前期备课时做好整体设计，明确作业形态。比如，课后记忆的内容需要让学生做好背诵准备，延伸知识需要让学生研究、探讨，动手实践的作业需要小组合作完成等。

先研究教材，后探索研发练习。根据教材特点和学生的实际，各个年级探索和研发了适合学校实际的校本练习册。

一年级：在设计基础练习时，主要是每个知识要点必须掌握的内容，尤其关注了生活中能运用的习题；在拓展提升部分，由于学生层次不同，结合学习内容略微进行了拓展。

二年级：除知识要点习题外，在综合运用部分，尽可能设计些生活情境相关的习题，以活学活用让学生提升综合运用能力。

三年级：由于是承上启下的过渡年段，在设计时以基础练习设计为主，目的是让学生能夯实所学的知识；在拓展部分，主要设计了动脑筋的习题。

四年级：学生基础知识较扎实了，所以设计的练习在巩固基本知识为主的基础上，适当地增加了拓展提升。

五年级：学生基础较好，综合运用能力较强，所以在设计时关注了练习的层层递进，以及生活中的应用与思辨性问题的设计。

➢ 加强教学引领力度

教师设计作业时要将作业与课堂学习相贯通，充分考虑课上所讲的知识面与界限，以课堂知识讲授引领作业设计思路与方向，依托课堂内容完成对知识的理解和迁移，做到“课堂目标，课后巩固”“课堂重点，课后必练”“课堂没讲，课后不练”。有什么样的课堂就有什么样的作业，作业设计服务于作业任务。

需要注意的是，课后作业花费时间较长、操作性较强，要留到课后完成，教师应在课堂上为课后实践活动留白，做到课堂知识引领、课后实践验证，最终学懂弄通。

➢ 强化课程专家指导

在课程专家的指导下，以学科团队为单位开展核心素养、高阶思维和作业设计的理论学习，整合语数外、音体美各学科的各年级的作业资源，提炼设计亮点和案例在校本作业论坛上展示，如指向高阶思维培养的小学英语作业设计等促进整体作业设计质量持续提升。

2. 用教育科研提升教师水平

➢ 优化教育科研运作机制

加强与区级教育科研的上下联动、部门协同机制，积极参加市、区教育科学研究联席会议，积极策划学校教育科研工作的重点项目，如通过区级项目“星火计划”推广学校的成果。

优化科研管理机制，推进扁平化，加强科学化。实施研究成果直报制度，除立项的市、区级及以上课题成果外，学校还推荐其他优秀成果积极参评。实施课题研修学分制度，教师的课题研究经历纳入考核范围。

学校优化科研工作条件，保障教师在研究开展、成果总结及科研指导上的时间，为教师的思创作业研究提供中国知网等数据库资源支持，为研究品质的提升创造条件。

➢ 加强科研工作数字化管理

提高学校科研信息化程度，充分利用好区级科研网络平台进行课题管理。培训教师使用科研微视频资源库，利用好信息化平台优化选题、实施、总结等科研过程管理流程，节约纸质文本，同时将教师的过程资料自动整理，形成科研档案，增强评审的公平性、参与性、公正性。

➢ 优化科研交流与评价机制

加强学校各学科大组以及跨学科组的交流，推进联合科研活动，推进优秀科研课题小组开放活动，推进优秀科研成果的校级交流。

加强对教师科研工作的考查，实施学校教育科研工作年度自我评价制度，设立相应的指标，作为对教师科研年度考核的重要依据。

对教育科研成果评价机制及优秀科研成果评选标准与方法加以完善和改进，使学校教育科研评价更好发挥激励、引导功能，利于教育科研在学校中的普及。

➢ 作业设计探索中关注基于过程和成果的评价量规设计

① 指向学生学习的作业评价量表

评价量表是表现性测验的常用工具之一，尤其适合对小学生表现性行为的评价（见图7-5）。评价量表将观察导向具体、明确界定的行为或特质，便于用同一组特质来比较学生的差异。教师们在作业设计探索中关注基于过程和成果的评价量规设计，因为各种不同的作业评价量表，可以有效地评价学生的学习态度、兴趣以及人格、情感的发展状态。

	第一组	第二组	第三组	第四组
资料丰富	☆☆☆☆	☆☆☆☆	☆☆☆☆	☆☆☆☆
色彩鲜艳	☆☆☆☆	☆☆☆☆	☆☆☆☆	☆☆☆☆
富有创新	☆☆☆☆	☆☆☆☆	☆☆☆☆	☆☆☆☆

图 7-5　作业评价量表 1

比如，课上教师将小组合作完成的作业进行展示，让学生以学习小组为单位汇报在课堂上交流自己小组的作业，课后利用简单的作业评价量表（见图 7-6）可以把学生的主动权还给学生。教师不用立即批改和整理学生收集的资料信息，而是让其他小组成员参与根据制订的评价量表进行即兴点评，再由小组讨论打分，分数算入小组学习的总评分。教师可以即兴对优秀作业点评加分，也可以根据评价量表对倾向性问题加以指正，之后再自然引入到下一个环节的学习。这样的评价方式简便易行，又可以体现生生之间的互评机制与教师评价的有效结合，克服了以往教师一人手握评价指挥大棒的一言堂弊病。

"灵动教师"专业发展观察记录

观察教师：

执教学科：

教龄：

执教班级：

执教内容：

一、　听课过程中，请做以下数据的简单记录：

1、您认为本堂课中学生的发言质量较高的有（　）次.

____

2、您认为本堂课的师生对话过程中，教师用语十分精彩的有（　）次.

____

3、您认为本堂课上学生哪些行为习惯培养得比较好？请例举.

____

____

二、请完成以下选择和简答，选择请"√".

1、您和授课教师熟识吗？

(1) 非常熟悉　(2) 有所了解，有过接触　(3) 不了解，没有接触的机会

2、您对授课教师的印象如何？请用词语、短语或几句话进行描述.

____

____

____

3、如果把本堂课学生的学习过程区分为六个有机联系的阶段，您觉得教师在教学设计中哪几个阶段做得比较好？（可多选）

(1) 引入　(2) 新授　(3) 领会　(4) 回忆　(5) 应用　(6) 迁移

4、教师在课堂上要关注各个层级的学生，给予学习支持，您认为授课教师在课堂上对于弱势学生的指导是否有效？

(1) 非常关注且有一定效果

(2) 有关注，有一点效果

(3) 有关注，但效果一般

(4) 没有关注

5、开放学习亮点的发现力．您认为授课教师在本节课上，是否善于激发和发现学生在学习中的多样化、个性化亮点？

(1) 善于捕捉学生的个性回答并激发学生继续思考

(2) 学生回答中有个性化的亮点，但老师没能捉住并进一步激发

(3) 学生的回答没有亮点，无法判断老师是否拥有发现力.

6、第5题选择（1）和（2）的，请例举：

____

____

____

7、您所教学的学科是______.

8、如果您是本节课的授课教师，您有哪些建议？如果您不是语文教师，您觉得本节课和您的学科教学有哪些关联之处，请例举.

____

____

____

图 7-6　"灵动教师"课堂教学观察表

作业评价量表的目的是帮助教师和学生了解学习过程中的表现情况，并帮助他们改进学习过程和提高学习效率。当然，它还可以帮助教师评估他们的教学效果。

② 指向教师的评价量规设计

学校常规的课堂教学评价量表，教学观察评价量表主要用于对日常课堂教学的评价。除此之外学校教学研究中心设计关注基于过程和成果的评价量规思创作业设计属性表（详见第二章表 2-7）、思创作业研讨六环节反馈表（详见第二章表 2-3）、英语学科思创作业设计属性表（详见第二章表 2-8）等。对于学校广大教师及教学管理人员和教科研员来说，这些创新的作业设计属性表通过评价指标的导向及评价结果的反馈，提供了改进教学、提高教学质量的参考依据，从而激励教师提高教学水平，促进学生全面发展。

比如，学校开展"灵动教师"课堂教学观察实验，为不同教师量身定做观察表（见图 7-6）。一是听课人记录本堂课的相关数据，如学生回答人次、教师捕捉生成性学习资源的次数等。二是请听课人完成选择和简答，用以收集对教师、学生、教学的反馈。

观察表取代传统评分表的目的在于：通过观察表的问题设计引导听课教师群体转变观念，提升理念；每一份观察表最终要形成我校教师的灵动指标；过程性地推进教师队伍的整体认同感。"灵动教师"观察记录表基于学校灵动的理念对教研组内成员持续追踪记录，通过量化的数据，捕捉教师身上的闪光点与不足之处，促进专业化发展。

此外，评价量表的关键是观察点的合理确定，这决定着课堂观察技术水平和教师的专业水平。

运用量表开展评价需注意以下几点：一是评价标准要有利于学情，简单易操作；二是课堂上同向交流评价冲突如何避免；三是评价和学习一样都有延展性，不能为了完成评价而去评价，使评价流于形式。

➢ 研修效能自评表分析成效

① 追踪观察，记录教师发展历程

以“灵动教师”课堂教学观察表的设计与应用为例，通过课堂即时观察，课后反馈整理，记录“灵动教师”的发展历程，不断促进青年教师的专业发展。

通过研修培训的追踪观察，运用详细的数据进行分析，我们发现：校内研究课的形式非常好，能较为快速地在全校教师面前展示一位教师，让大家了解他，也能较为全面地收集到各学段、各学科不同教师对他们的评价。

以胡菲尔老师的追踪观察为例，通过比对“灵动教师”观察记录表(一)、(二)，我们发现语文老师中对她非常熟悉，多次听过她的课的教师比起上学期的数据，提高了25%，达到了60%。非语文学科的教师对胡菲尔老师的熟悉程度有了显著的提升。通过语文学科思创作业设计属性表，教师多用声情并茂、表达准确、肯钻研、有想法等来描述对胡老师的印象。

针对胡老师在执教《ie üe er》一课中给予弱势学生的指导有效性方面，80%的教师给出了“非常关注且有一定效果”的评价。胡老师在教学设计中考虑到了问题的开放性和趣味性，在授课时善于鼓励学生，循循善诱。在课堂中开放学习亮点的发现力方面，80%的教师对本堂课给出了“善于捕捉学生的个性回答，并激发学生继续思考”的评价。胡老师通过多样化的教学方式，充分发挥师生之间层层递进的互动作用，活跃学生的思维。

“灵动教师”观察记录表，为教师专业成长提供了宝贵的教学思路和研究资料，有助于加强学科之间的融合，形成不同学科之间的优势互补。

② 学科项目评价，兼顾基础知识和高阶思维

以指向学生学习的作业评价量表的设计与运用为例，教师将学生素养作为导向，以学为中心，形成了作业研究的新样态。教师们在教学的实践运用中，探索使用成效，学科项目的评价兼顾基础知识和高阶思维，不断促进学生的思维发展。

以语文学科思创作业设计属性表(见表7-3)为例，学校语文组在实践应用中发现了学生在平时的作业中反映的基础知识掌握情况，以及在高阶思维的提升方面显现出来的问题。

一年级组：学生的学习能力有不同层次的提高，且质量较高；有一部分学生按自身能力选择习题完成，第二天进行分析，每名学生都能完成所有的分层提高习题。

二年级组：学生通过改良后的练习训练，学生之间形成了良性竞争意识。85%以上的学生都能认真独立思考，增强了完成练习的信心，提高了对学语文的兴趣。学生的学习态度有所提升，字迹渐佳，正确率提升(包括学困生)，课后也经常有学生来办公室和教师讨论问题了。部分班级学生语文成绩整体提升，高分人数也明显增加。

三年级组：学生通过优化思创作业练习，提高基本技能，为后续学习打好基础；分层练习提高部分，有一定技巧和难度，需对知识进行综合才能完成，有待持续培养。

表 7-3　作业评价量表

作业设计		作业类型				完成方式		创造性思维能力							作业时间
								维度			领域				
作业序号	作业目标序号	听力	表达	阅读	写作	独立	合作	产生多样化想法	产生创造性想法	评估和改进的想法	文字表达	视觉表达	社会问题解决	科学问题解决	
1															
2															
3															
4															
5															

四年级组：学生通过优化练习的训练，不仅能有效纠正典型错误，还能养成良好的审题习惯，培养思维的严谨性、批判性和深刻性，从而提高分析与解决问题的能力；一些开放题型习题的设计，让学生可以根据自己的认知水平和生活经验作出不同解答，有利于调动学生的学习积极性，培养应用意识和能力，提高思维能力。

五年级组：学生通过思创作业练习，不但学习有困难的学生得到更多锻炼机会，而且已经基础较好的学生得到更好地巩固；在拓展型习题的练习过程中，使中等及中上等学生在课堂中学得充实，分别从不同的层次上获得提升。

③ 注重及时反思，提出整改建议

学校借研修效能自评表分析，建议教研组教师每月两次进行思创作业设计研发、优化，再进行成果使用的研讨，分析学生的情况，反思练习设计，并对设计的练习进行修改。

思创作业设计研发帮助学校学生及时巩固课堂学习内容；分层作业帮助学困生提高学业成果；学科拓展作业帮助学生保持学习兴趣；德育作业培养学生的学习方法和学习习惯；自然美术等作业增强学生对该学科的重视程度，提高审美情趣；《自主管理手册》培养学生合理安排时间的能力……根据学生水平量身定做的分层作业比较容易完成，将分层和限时有机结合，便可以真正实现减负增效的目标。

二、互动“十”：实践共同体视野下的教师发展

莱芙和温格在《情景认知：合法的边缘参与》中提出，实践共同体是一系列个体共享的、相互明确的实践和信念以及有对长期共同利益的理解。成员们拥有共同的关注点，为了同一个主题投入热情，或致力于解决特定的问题，在这一共同追求的领域中通过持续不断的相互作用增长自己的知识和专长。

教育作为人类特有的一种实践活动，是丰富而生动的。教师研修作为教育实践的展开，既有作为个体的行动参与，也有作为群体的互动关联；既有对教育目的、人的发展的基本追求，也有对教师作为专业人员的基本观照。

教师研修具有情境性和关系性，将研究放置在教师个人与群体互动中，考察教师参与特有“知识生产”的具体情形。“灵动教育”中的“2”，亦呈现和表达了互动的关系，实践共同体体现了教师与自我、他人、文本、情境的对话，引发参与者走进对话、共同建构，体验到学习的发生。研修过程中教师个体的融入与变化、教师群体的凝聚和建设，促进了灵动教师的专业成长。

（一）共同的目标方向

从宏观看，基于共同的事业可以构成实践共同体。从微观看，学校教育是个不断建设、改善、积累、挑战、反复的过程，教师在酸甜苦辣中互相协调。所有教育价值的变革都需要新的技能、行为、信念和认识。在思创作业改革探索过程中，教师的行动体现了他们个人经验在学校教育中的历史性延展和后继性创新。

1. 提升教育理念

当“思创作业”项目提出时，我们发现教师动机受到多种因素制约，有年龄、自我感、发展期等内部因素，也有任务难度、周围环境、压力等外部因素，且两者会互相影响。所以我们在建立共同目标方向的过程中，首先需要教师学习的就是学习的动力。

在一次研修活动中，项目小组设计了一个热身活动，让教师们以一个动物作比，来表达自己近一个月来的工作状态。于是教师们在短暂的思考后有了如下表达：

——我觉得自己像“热锅上的蚂蚁”，常常是学生不着急，我急得团团转。

——我觉得自己像“猫”，整天和学生斗智斗勇，上演“猫捉老鼠”的戏码。

——我觉得自己像“袋鼠”，心里总是装着学生，样样事情都不放心，都想插手，恨不得把他们都装在袋子里随身带着才放心。

——我觉得自己像“马”，任劳任怨，仿佛有用不完的精力。

在研修中，通过个体感受的释放，让教师有“不错的感觉”“快乐的预示”，“想要去进一步体验”，对教师的研修动机的真切唤醒，让氛围变得宽松、自在、平等、融洽。教师在这样的氛围中更愿意贡献自己的资源和智慧。

2. 发现教师生活

当研修的议题是开放生成的，学习活动是对话互动的，则会激发出教师的内在责任感，让教师愿意体验和分享。我们曾经听到教师这样的讨论：

——缺少自由的时间和空间，每天做的与教学无关的事情太多了，时间不够用，除非一天有 48 小时！

——现在做教师太难了，社会快没有人与人之间基本的真诚和信任。

——教师需要运动，长期久坐批改作业，颈椎和腰椎受损严重，运动可以给人带来激情与活力。

捷克教育家夸美纽斯说：“良好的学校组织主要在于工作和休息分配得当，有赖于读书、松缓、紧张的间隙以及娱乐的分配。”因此，要让教师有机会发现专业生活的丰富、培育人才的社会价值感，将教师的自我认同引向“园丁”“蜡烛”等高度。

（二）学习的互相介入

实践共同体理论和情境认知理论，都强调学习和实践的相互介入，知识和意义是在实践和情境脉络中获得的。随着主体的经验、具体的情境、社会的互动，教师会出现新的想象、新的假设和新的意义。

1. 小组学习

小组学习主要指向教师在活动中经验分享、知识创新。小组活动开始前，一部分参加的教师可能是被迫的。有的充满困惑，有的自得其乐。但完成规定的任务，让他们有了共同的底线目标。比如，作业设计过程中的经验与困惑、作业中的创造应该怎么体现等话题，教师随机组成小组，以“大字报”的形式张贴出各组的讨论记录。由此产生在认识、思维乃至行动上的碰撞，让研修成为反省和发现的场所，获得了学习、对话的必要与可能。

2. 合作研究

当研修进入稳定状态后，针对作业设计中的问题，采取张贴“小贴士”的方式，请所有教师将自己关注的问题写出来并贴在黑板上，供大家寻找问题间的关联。找到关联进行归类之后，教师自由组合形成专题研究小组，进行“组织建设”，推选组长、资料收集人、开题报告执笔人、活动组织人、报告执笔人等角色后，就可以着手作业的研究了。开展合作研究的过程，是一个教师实践性知识螺旋上升、显性知识与隐性知识交互转换、理念与行动互动融通的过程。

3. 现场观摩

我们倡导教师主动承担教育教学展示任务，对教育教学过程发表看法以及提出建议，走进现场获得更鲜活的文化体验、对问题的不断发现与解决……教师会扮演不同的角色，有时是呈现表达者，有时又是观察分析者。实践中，我们发现通过观摩他人的做法和感想，多多少少会引发自己对关注的问题进行反思，从而收获真实的感受。

（三）共享的技能技艺

实践共同体的技艺库，是研修中充满凝聚力的核心内容，也是对成员个人知识进行挖掘、对公共知识进行存储的过程。教师把在思创作业改革探索历经的几个阶段中的作业设计方案、反思体会、教学实践案例、前测后测数据分析等内容，以文本及声视频的方式收集整理上传至学习平台。

1. 收集与开发资源

研修的文本资料来源丰富，有的来自学界，有的来自教师实践，“本土”与“政策”、工作与学术、自己与他人，各种不同特征的文本资料交汇在一起，让参与者既有亲切感和接纳感，也有新的学习和新的经验构建。

2. 开展网络交流

研修中，我们有不少教师开设公众号，发表个人微博，在朋友圈分享照片、感想等。我们注重研修感受的及时收集，每一次研修后，教师在群中纷纷发表感想，由负责人定期梳理大家的反馈意见。一段时间后，我们会将相关图文资料汇总整理成册。

本次思创作业改革探索校本研修的工作在实践共同体理念引领下，助力了学校重点项目的开展。我们认为，要使教师不断增强自我认同感和社会认同感，才能使教师真正融入研修共同体中。让教师不再是被动接受任务的“工具人”，而是参与学校重大改革项目的“合伙人”。同时，要使研修具有共同体的力量，也需要包容不同的思想和观点，以思想的对话和经验的碰撞使每位参与者受到启迪。

第四节　实践敦行收获累累硕果

灵动教师在成长。集体的智慧使“灵动”教师成为教风严谨的优秀团队。“灵动学园”是一个温暖的大家庭：名字不同，性格不同，相同的是对教育的炽热、真诚的心灵，共同谱写出华美的乐章。坚守教育的热土，让幼树苗壮成长，待到桃李满天下时，定会听见花开的声音、看见枝头的累累硕果。

一、实践敦行

“授之以鱼，不如授之以渔”。教师教得好，学生才学得好。学校积极打造灵动教师，为新教师建立成长档案并鼓励他们要为自己定好位，制订五年成长计划，规划好自己的职业人生，建立终身学习的理念与态度。尤其要鼓励新教师以发展的眼光看待所处的环境，积极努力提升学历，以适应不断发展的社会需求，不断思考、寻找专业发展点，在课堂、科研课题等多方面做深入研究。学校也尽力为教师们创造展示机会。

（一）培训助力教师业务能力

近年来，学校重点开展了“新版课程标准教材解读”的培训，邀请专家和名师进学校对全体教师进行培训，提升了教师对教材的理解和把握能力，促进了课堂教学，提高了业务水平。

教师积极参加学校教师研究中心牵头组织的业务培训，聆听专家对新课程标准的解析与教学指导，观摩教学研究中心举办的校内骨干教师的研究课，学习党员教师先行先试的教学报告。通过培训，教师们对新课标有了更深刻的认识，为各年级教学活动的开展奠定了基础。

学校通过研究和实践培训模式，促进广大教师不断更新教育教学理念，积极推动自主的专业化成长，从而使我校的教育教学工作取得新的突破。学校根据教师的教学年龄和担任班主任年限等不同情况，确定不同的培训模式。具体如下。

(1) 学习理论→制订个人成长规划→实施规划→试岗培训→深造学习……

(2) 制订个人成长规划→学习理论→实践研讨→经验积累→推优学习……

(3) 问题诊断→制订个人成长规划→专题学习→实践检验→总结经验……

在校本培训期间开展教师技能比赛等多项教育教学研究活动，提升新入职阶段青年教师和广大教师的专业基本功。

项目推进期间学校组织各教研组开展作业研究反思专项主题教研展示活动。主题教研，即整理、归纳、提炼平常教学中遇到的普遍困惑、急于解决的问题，筛选出典型的问题作为教学研究的主题，开展系列教学研究活动。在此期间，各个教研组认真组织研讨，明确本组教研方向和主题，积极研课、磨课并进行公开展示。

随后教学研究中心组织全体教师聆听教研展示课的反馈和同课异构的教研交流。有的谈教学目标的适切性，有的谈学情分析，有的谈教学为学生提供的帮助，有的谈当前新教学手段变化带来的思考，从不同角度谈基于学生主体实际的做法和教学目标的调整设定。

明确作业研究反思专项主题教研活动的价值和意义，做到“人人参与互动”“有鲜明主题”“以问题为驱动”“以课例为载体”。系列教学反思专项主题教研展示活动为教师们分享课堂教学成果、作业改革探索与实践提供了良好的机会和平台，也促使教师们积极思考，乐于实践，提升专业成长。

案例 7-1 ①

气泡图在班级管理中的运用初探

一、案例背景

一年级下学期，笔者在班级引入了小组积分赛。起初学生热情高涨，发挥所长挣“分”，形成你追我赶的局面。一段时间后，个别学生因为被扣积分过多，影响小组夺冠，导致组内其他成员不满。

二、学情分析

小组积分赛凝聚了小组力量，让学生有了团结协作的意识。“一周换座位券”“游乐场畅玩一次券”等个性化奖券让学生爱不释手。面对一些学生“输不起”的心态，我运用可视化思维工具中简单易操作的气泡图帮助学生多维度看问题，找到事物的多样特征，引导学生正确认识小组里的“弱势组员”，学习彼此接纳；共同帮助“弱势组员”改正陋习，正确看待“失败”。

三、对策方法

（一）首绘气泡图，认识生命独特之美

笔者首先召开了主题班会课“认识你我”。以自己为例，用气泡图的方式讲述了自己的性格、兴趣、爱好、优点、缺点。然后，让学生用自己喜欢的纸绘制以“我”为中心主题的气泡图。接着，学生在小组内交流自己绘制的气泡图，找找和自己“有点像”的组员，一方面加深对自我的认知，另一方面，也让组内的同伴了解自己。他们很快发现与自己志趣相投或“臭味相投”的组员。

全班交流时，笔者特地邀请因被扣积分较多而引起同学不满的小 A 介绍自己。他借助以“我”为中心主题的气泡图条理清晰地介绍了自己(见图 7-7)，介绍到自己的缺点时，他的声音明显轻了，大家都感觉到他的惭愧。

随后，又有一批学生用气泡图大胆地交流了自己的优点和缺点，笔者也亮出自己和部分家长的气泡图，让学生观察展示在黑板上的一张张气泡图，在思考中发现每一张气泡图上都呈现了每一个人的优缺点。“是呀，不只是小 A，无论大人，还是小孩，我们每一个人都有优点和缺点，虽然不完美，但却是独一无二的。”我不失时机地总结道。

班会课的最后，我带同学们一起阅读了剧作家艾诺·桑卡德晚年创作的绘本《小羊和蝴蝶》，感悟到生命的不同，我们要像小羊一样学会接纳和包容不同的生命。

---

① 本案例由刘海萍老师提供。

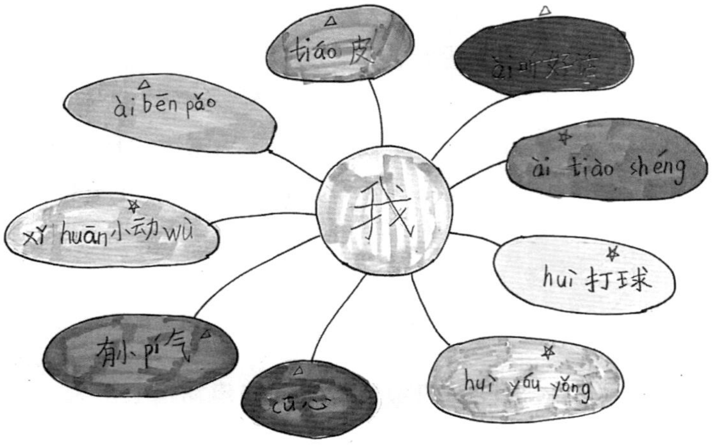

图 7-7　小 A 同学的自我介绍气泡图

这次班会课后，我观察到，第一组原来那几个对小 A 颇有意见的组员不再抱怨他，而是和他一起谈论喜欢的户外运动了。

（二）共画气泡图，成就少年自律之路

班级管理中，要注重培养学生的主体性，发挥其主导作用。针对课间奔跑的现象，我先以情景剧再现学生课间奔跑的情况，让学生了解课间奔跑的各种原因。接着，请学生做“小小诸葛亮”，出谋划策。我在学生交流的基础上，进行适当的提炼、概括，然后一一填入黑板上中心主题为“金点子”的气泡图上（见图 7-8）。

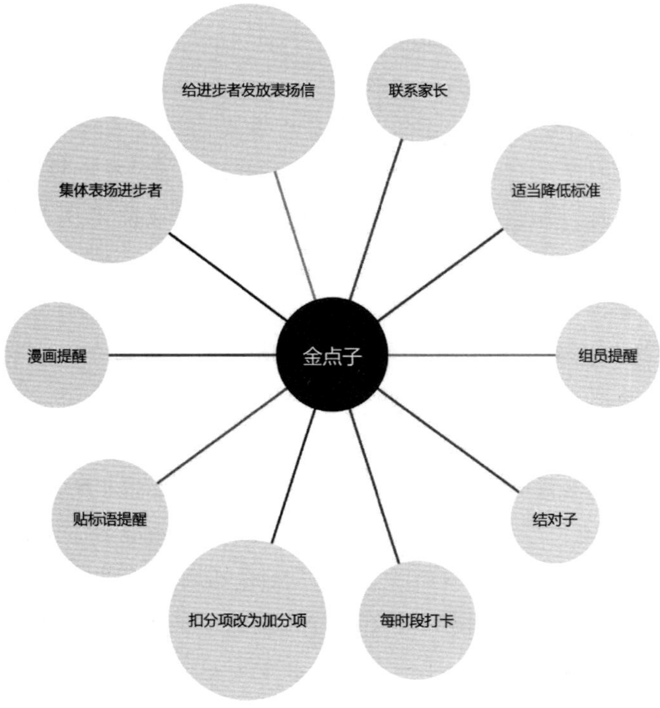

图 7-8　纠正“课间奔跑”习惯的“金点子”气泡图

讨论中，小A的好朋友小E提出：“刘老师，能不能不要扣分呀！”我意识到，学生不喜欢被扣分，是不是需要调整一下？一番热烈的讨论后，大家决定，一周内，小组组员课间不奔跑，该小组就加五分。于是，有了“扣分项改为加分项”，皆大欢喜。

最后，大家一共讨论出十个金点子：“组员提醒”“结对子”“每时段打卡”“扣分项改为加分项”“贴标语提醒”“漫画提醒”“集体表扬进步者”“给进步者发放表扬信”“联系家长”“适当降低标准”。

这个汇集集体智慧的气泡图，被隆重地公示在班级醒目处。各个小组自由选择自己认为合适的金点子帮助组内有课间奔跑习惯的组员。笔者参与到小A所在的第一组，并密切留意其他小组的动态。小A所在的小组先后实施了人盯人，密友定向“结对子”小A进行“每时段打卡”，辅以“给进步者发放表扬信”的方法，最终小组实现加积分奖励啦！

由于是学生自己经过思考后提出的合理化建议，因此，他们也很乐意去执行。一些学生还设计了有趣的提醒漫画，悄悄地塞进某些同学的抽屉里，进行善意提醒。

（三）借双气泡图，传递人生体验之趣

小A和组员共同的努力，使得小组的积分迅速攀升，最终，在第十五周，喜获班级周冠军小组，获得抽取各类特色奖券的机会。“我抽到了我最喜欢的‘游乐场畅玩一次券’，耶！”小A说：“我要谢谢同学们帮助我，我们小组最棒！”“你们小组的确非常出色，齐心协力获得成功！你们能不能谈谈对失败和成功的认识?”当小A有感而发后，我抛出了一个新的话题。

教室里，起初有点安静。后来，有人说，失败了，不开心；成功了，自然很开心。有人说，失败了，哭；成功了，笑。渐渐地，越来越多的学生愿意敞开心扉，说自己生活中经历的失败的事，成功的事情。比如，刚入小学时，跳绳测试不合格，这种失败让人难为情，后来坚持练习跳绳大半年，跳绳达标了，非常自豪。在表达、聆听、交流的过程中，我将“恼火”“不开心”“开心”“哭”“笑”“难为情”“自豪”……这些学生对“失败”和“成功”体会的词，收入到黑板上的双气泡图中。

“你们瞧，成功让我们开心、快乐、自豪，失败却带给我们难为情、恼火、伤心。我们可不可以把失败擦去，让它连带着这些不好的感受统统消失呢?”我的话让学生们惊讶不已，他们有的凭直觉摇着头，有的则不吱声。之后，我讲述了发明大王——爱迪生做实验失败了1340次最终发明白炽灯的故事，让学生认识到“失败乃成功之母，成功源于失败”的道理。

“失败除了带给我们成功的可能，还会带来什么呢?”我们又通过读绘本，认识到人有各种各样的情绪、感受，失败和成功带来的感受都是我们体验生活后才有的，都值得珍视。虽然我不清楚学生能理解多少，但这个共同理解的过程，也是我和他们的一种有价值的探索，一种宝贵的体验。笔者借双气泡图，传递人生体验之趣(见图7-9)。

四、取得成效

由小组竞争引发的不满被平息，小A和其他类似的同学不仅获得了同伴的理解与宽容，小A养成了打卡自律的好习惯。小组积分竞赛中，学生不再一味地追求成功，他们懂得失败了也很正常，坚持尝试就可能会成功。

学生体验到利用气泡图多维度看问题获得成功带来的自信与快乐。在解决之后的班级问题中，他们有了围坐在一起，用气泡图梳理思路，整理方法的习惯。他们尝试解决过“地上

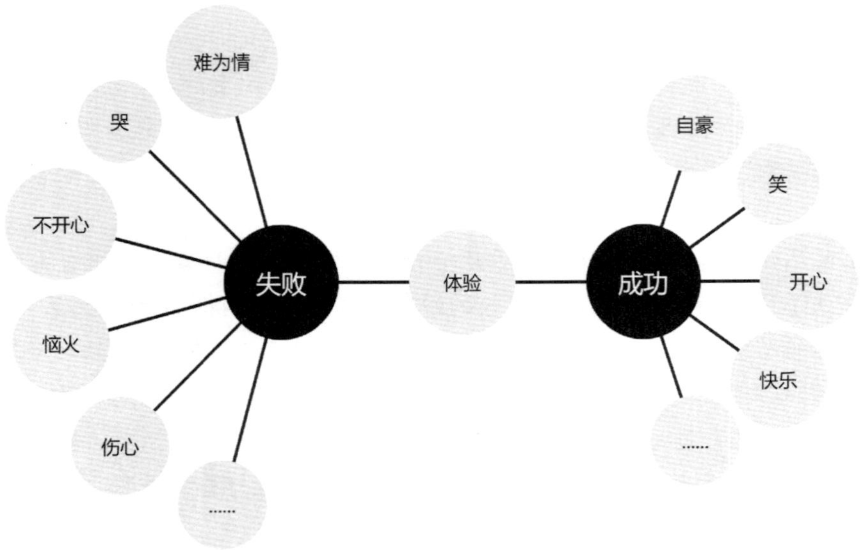

图 7-9　双气泡图：成功与失败的体验

总有小纸屑怎么办？”“家长总是忘记签名，怎么办？”等常见的问题。学生的自主性越来越强，参与班级管理，解决问题的意识增强，能力得到提升。班级同学团结协作，互相包容，相互尊重，班级风貌焕然一新。

五、反思建议

气泡图作为一种可视化思维工具，它只是协助班主任进行班级管理的一种手段，而非唯一方法。它需要根据具体的情境，有选择地使用。绘制气泡图的过程，是学生进行思维的过程，需要班主任给足时间。集体讨论绘制气泡图时，班主任要积极引导，适时帮助学生梳理、概括、整理。

学校一系列的小学思维培育的作业改革探索与实践的教研活动、研究培训，为广大教师提供了多渠道的学习平台，激发教师勇于实践、乐于实践的积极性，将所学所得举一反三、融会贯通，从而提升教师专业成长速度。

（二）比赛推动教研蓬勃开展

为提高教师教材研读和授课水平，学校在广泛征询学校教师意见的基础上，以赛促研，以赛代培，由教师发展中心与教学研究中心联合策划，举行主题赛课活动，例如，高品质作业研究课比赛、新课标教材研读研究课比赛等。经过积极参与和激烈竞争，评选出一批优秀教师。

1. 比赛推动教研一体化促生“反思型教案”

学校要求赛课前教研组集体备课，每一份教学设计都要“一课三备”：课前预案、合作方案、反思教案。课前，每位教师各自拿出预案；教研活动中，讨论提出各自的观点与方法，修改教案形成合作方案；最后，通过课堂教学，结合教学实际情况认真反思，进一步修改完善合作方案，形成反思教案。这个过程激活了教师的思路。

2. 比赛推进“先学后教当堂练三步法”的教法改革

第一步先学：

(1) 激学：激发学生学习的兴趣，尤其是关注学习情绪和学习状态的激发。教师观察到学生上课前的状态，根据教学内容想办法调动学生学习的积极性。

(2) 导学：教师在上课前将本节课的学习目标以及有关的学习内容设计成练习指导，学生进行自学。

(3) 自学：学生根据教师所给的导学内容来自教材，然后完成所学课文后的练习和教师给出的练习。教师应该特别重视学困生的情况。

第二步后教：

(1) 互教：已会者教不会者；教师在这个过程中尽量观察已经掌握知识点的学生，发挥和调动他们的积极性去教不会的学生。

(2) 师教：进行全班教学。对于普遍存在的一些问题，教师应该善于运用启发的教学手段激发学生们讨论的积极性，在各抒己见中明辨知识。

(3) 导教：通过教师引导，帮助学生解决疑问。通过以上的环节，部分学生还是解决不了的疑难问题，教师再通过耐心引导帮助学生答疑解惑。教学环节的时间要视学生疑难程度而定。

第三步当堂练：

(1) 自练：在通过先学后教的学习过程后，学生进行的自我总结、提问、质疑、探究。当然，这是在教师的引导下进行，从而加强对知识点的理解和掌握。为此，学校语数英三门学科设计了校本练习册《每课一练》。

(2) 互练：根据教师的学习目标要求，围绕学习的内容进行的学生之间互查互练的教学活动。

(3) 导练：教师根据教学目标的重点和难点以及学情来设计题目引导学生练习。

这三步法并非一成不变，而是从实际出发，依据学习内容和课型灵活运用。教学研究中心还逐步在实施过程中，形成了“教学五环节落实细则”“优化作业设计实施方案”“质量内部调控实施方案”等一系列管理条例。

比赛不仅是一次学科内的教研活动，也是一次跨学科的大教研，广大教师在参与和观摩比赛中得到提升。比赛中有的优秀展示课也得到了区教研员的认可，进而推广在区级进行教研活动，成为示范课。

(三) 研究促进教师灵动成长

教师的思维能否代替学生的思维？教师预设的问题是否就是学生一定会产生的疑问？教师必须把主动权还给学生，培养学生的问题意识和创新能力，使学生敢问、乐问、善问。

在打造灵动教师的行动研究中，教师们发现课堂教学中提问特别要注意以下几个方面。

1. 问得少，给学生留下思维的时间和空间

如果教师整堂课都不停地问，学生疲于应付，则难以自主学习。且问得太多会导致重点不突出，关键问题淹没其中不能引起学生注意，不仅直接影响教学效果，还可能抑制学生的

思维。研究认为，教师提出问题后，要给学生留有合作学习的余地，要给他们争论的机会，给他们足够的积极思维的空间和独立思考的时间。

教师还应该注意在教学中的“留白”，即在适时启发引导学生思维以外，还要在讲解后，注意留一点时间给他们思考，留一些“跳一跳就能摘到的苹果”的问题让他们自己提出问题、解决问题、各抒己见。这样既培养了学生的问题意识，还让他们的思维产生跨度，获得提升。

2. 问得精，问题有一定的思维价值

怎样的问题才是有质量的呢？只有在用心钻研教材的基础上，才能设计出精妙的问题。一般新授课一开始就要设计有新意的环节，提问要有趣，注意问题带着旧知向新知的过渡迁移；新授过程中要精心设计关注到重难点以及易混淆处问题，注重对比辨析等环节的问题。

具有思维价值的问题，学生回答起来总会觉得有一定的难度，课堂上难免出现回应者寥寥无几的现象。要化解这一矛盾，教师提问的语言、动作、眼神等方面须亲切和蔼，给予学生鼓励和信心。

3. 问得灵，培养学生创新思维能力

灵活、精妙的问题是激发学生创新思维潜能的诱因。教师应根据教学目标及内容，设计一些具有启发导向的问题，一些答案不唯一，甚至没有标准答案的问题，让学生多多去尝试。通过恰当的提问，培养他们的思维能力，突破思维定势，鼓励思维发散。

学校优化研修工作机制，畅通研修工作渠道，鼓励教师做研究搞课题，组织赛课等活动，构建各种交流平台。通过校内，由一个教师带领一个教师，由一个小组带动一个小组，由一部分优秀引领一部分优秀，培训加强了校内的有效交流。学校还会选派优秀教师到兄弟学校进行优质课交流，研究促进教师灵动成长，通过与外校的交流，实现资源共享与协同发展。

案例 7-2 ①

作业研究促成长

作业是教师精心设计送给学生最好的礼物，完成的作业是学生最珍爱的劳动成果。因此，老师每一课作业设计都要注重学生的兴趣，让他们能够积极完成，从中收获学习的满足感。

上学期，学校进行了小学思维培育的作业改革探索实践，我们三年级语文组决定由我来展示这堂研究课。作业每天都有，但如何与新授课相联系，并巧妙地设计出来呢？我们认真分析后选定了《大自然的声音》这篇课文。我们仔细分析了教学目标，推敲了教案，并且像盲人摸象般根据作业设计研究主题加入了大量的习题。教案修改完毕后就开始紧张的试教步骤。

试教当天全组教师都来了，笔者努力地展示着我们讨论下来的细节，下课后迫不及待地想听老师们的点评，结论是与学校研究主题的要求不符，当堂练习太多且机械化，没有螺旋式上升的设计过程。我们组根据建议又进行了仔细修改。第二次试教有了很大的进步。慢慢地，每试教一次我就精进一些。看着一稿稿修改出来的教案，笔者经常会感叹幸得前辈们

① 本案例由吴茜卉老师提供。

指点，很多奇妙的点子如果不是因为开研究课，真的很难直接习得如此宝贵的经验。

通过这节作业设计的研究课展示，我知道了要掌握核心素养的四个层级：语言积累与运用、思维发展与提升、审美鉴赏与创造、文化理解与传承。这堂作业研究课的教学设计是根据教材单元目标和学生的年龄、心理特点等要求进行的设计。在我们设计和落实的过程中，有许多亮点，同时也存在着一些不足之处。

一、学习任务单巧设计，灵动小课堂展思维

在整个教学活动设计中，我们穿插了两张学习任务单，为学生搭建了学习支架。

在读一读、找一找中融入课后习题，学练结合，感悟大自然的美，达到教学目标；在填一填中熟悉文章构造，利用标点符号，巧妙识记课文，再次感悟语言文字的魅力；在背一背中让学生彻底投身课文，展开想象，同桌互背、集体背诵，进一步深入大自然，体会到美妙的具体含义，同时完成背诵任务。

整个课堂以学生为主导，发挥其自主能动性，拓展学生思维，将课堂变得充满活力。

二、创设情境，走进文本

文本的意义是学生在阅读过程中自主探索构建的，要鼓励学生学会阅读、独立阅读。教学中我们创设情境，带学生聆听了一场特殊的音乐会，缩短了学生与文本的距离。学生置身于自然之中，切身感知自然声音的美妙，与文本产生共鸣，激发学习兴趣，成为学习的主人。教师后续教学的展开就会非常顺畅。

三、提高思维高度，提升教学效率

在本课呈现时，着眼文本、设计两个主问题，提升思维高度，提高教学效率。初读时借助课后习题的“课文写了大自然的哪些美妙的声音?”给予学生抓手，可以高效地梳理文本。精读时利用问题“你认为风的声音美妙的地方在哪里?”请学生交流对文本的理解，顺势而教，从关键词句出发，配合多媒体手段，进一步学习文本，感受风的声音动听、丰富和变化，带来的美妙体验。

四、反思与建议

反思是为了更好地进步，在本堂课的教学中仍存在一些不足。例如，图片辅佐教学应该更具针对性。在教授“当微风拂过，那声音轻轻柔柔的，好像呢喃细语，让人感受到大自然的温柔；当狂风吹起，整座森林都激动起来，合奏出一首雄伟的乐曲，那声音充满力量，令人感受到大自然的威力”这句话时，为方便小朋友们理解，我课上出示了图片，随后再请小朋友感受并联想。但在教学中发现即使出示了图片，小朋友还是对于微风联想到的内容更丰富，而对于狂风的感知并不深刻，因为经历较少，表达的内容比较匮乏，所以在教授时，对于较为陌生的狂风，课上可以借助图片、视频等让孩子感受其威力。合理高效地进行媒体运用可以帮助学生更好理解文章内容。

这就是我校“灵动”青年团队的教师在作业设计研究课的经历及一些反思，于这些年轻的教师而言真的是一种巨大的收获和成长。打磨研究课并不轻松，但是也正因为辛苦，收获才会更甜蜜。

二、累累硕果

“太阳下最光辉的职业是教师，要为别人照亮道路，自己必须放出光芒。”作为教师专业发展试点学校，我们一直在思考如何让见习期的教师站上讲台、让职初教师站稳讲台、让成熟期教师站好讲台。学校探索着具有“独立自主、个性鲜明”特点的灵动教师内涵发展之路。

（一）“小荷”才露尖尖角

每年都有一批新教师走上讲台，为使他们在一年见习期内真正站“上”讲台，我们落实教学常规培训，开展教师基本功练兵，实施规培考核。新教师拜师学艺，“模拟课堂”“即兴演讲”“才艺展示”等技能修炼轮番上阵。近年来，我校共计16位教师获得区教育系统见习教师“新苗”奖。

案例7-3①

教研相长，作业设计之美，与灵动齐辉

本学年，我校语文团队开始着力于小学思维培育的作业改革探索实践，我有机会代表年级组选择了《爬山虎的脚》（四年级）第二课时作为作业研究课进行授课展示。在课堂的教学设计方面我们碰撞出了新的理念和角度，创造出了多元化的教学设计；而在假期作业的设计中，我们紧贴新课标核心素养，在拓展作业范围的同时拓宽学生的思维审美，设计了一份别样的寒假作业。

如何从作业设计中体现对新授知识进行再一次的巩固，又引导学生学习仔细观察植物的方法，感受自然之美呢？我初试牛刀感知“美”，丰富课堂内容，培育学生文字“美感”。

通过细致研读教参，我不断修改教学设计。最终，我决定设计两份作业单，一份是课前导学单——请学生们在学习新授知识前，先进行自主阅读学习，尝试画一画爬山虎的脚。这既是对课前阅读方法的检验和巩固，也是为后续教学重点构建框架。不同于传统的预习作业，学生完成这份作业需要先阅读，获得对爬山虎脚的直接感受，再通过思维构建，画下对文本的理解，达成有效的课前预习目的。

前置作业为学生提供了有效的思维支架，爬山虎的脚就有了文本和图片的呈现。课上，笔者再带领学生梳理亲历过程，在反馈交流的过程中纠正错误，达成对爬山虎的脚位置、形状、颜色的关注。接着，出示第二份作业单——课堂活动单，请同学重画爬山虎的脚，并根据提示完成表格填写，试着自己介绍爬山虎的脚。

读、画、评、填，学生从有趣味有递进性的作业环节建构阅读框架，体会文章准确生动的表达，感受作者连续细致的观察。四重丰富的环节达成教育目标，让作业和教学环节之间形成了紧密的关联。

原本学生在理解爬山虎的特点时，没见过真正的爬山虎，介绍起来仿佛纸上谈兵，而在

---

① 本案例由甘沁老师提供。

彩笔的引领下感受事物的美丽之后，他们的语言一下子变得充沛起来，对于爬山虎的脚的细节也能侃侃而谈了。这就达成了教学目标：用简洁的语言进行概括交流，进一步积累提升学生表达能力——通过前期的设计，我引导学生发现课文的描写是如此的准确逼真，学生在感叹文字之美的同时，再交流起来仿佛语言也变得“满舌生花”了。学生们能言善画，从不同角度获得了对文字之美的感知初体验，为后来学生整理观察记录、学写观察日记奠定了基础。

学科教学，不论是课堂上还是作业中，都可以兼具自主、实践、创造的特点，让每一个学生的潜能都能得到充分发展。教师成长之路漫漫，新教师们将不断跟随前辈们的步伐继续致力于教学研究，以研促教、教研相长，将在教学实践道路上不断突破。

（二）紫兰茁茁吐“新苗”

刚经历了见习期规培的青年教师如同一颗颗灵动的“种子”萌发新芽，正式步入了职初教师的队伍。为了夯实他们的教学基本功，锤炼教学实践能力，提升教学理念，我校组建青年教师团队，吹响了“五项技能”擂台赛的号角。

通过教育案例分析、教案撰写、主题班会方案设计、家庭教育活动方案设计、科研论文撰写“五项技能”擂台赛赛出了一名名个性鲜明、教学技能优秀的青年教师。青年是未来的期望，“五项技能”擂台赛孕育着学校的未来。

案例 7-4 ①

立足学情，灵动云端

——思维导图在道德与法治长作业中的运用

在道德与法治课上，我始终把“单元意识”“铸魂意识”“辩证意识”“情景意识”融合在一起，可在线上又该如何落实学科目标？

在空中课堂之后的在线答疑环节我以不加重学生的课业负担为原则，用好、用足活动册。那如何对学生的学科内容进行复习巩固？又以怎样的形式进行？我在其中通过创意闯关活动加以落实，以“第二单元 美好生活哪里来”为例，通过了解工农业生产与劳动者，帮学生认识到劳动是美好生活的源泉，树立正确的劳动观。在备课时，以活动册中的活动指导二——思维导图为主线串联起在线综合活动。

一、立足学情，从生活入手

教师要根据学生的心理特点和现实需求分析生活中的事例，立足生活整合教学内容。在备课时，笔者让学生通过留心观察身边的人、事、物，从而在活动中有话可说。以此鼓励学生留心生活中所发生的事情，愿意积极分享自己的想法。同时根据学生的回答适时补充思维导图里的文字。

---

① 本案例由李逸君老师提供。

二、善用资源，实现多元融合

践礼养德、习惯养成，也是《读本》的内容之一，我们可以把道德与法治教材中有关的内容渗透到《读本》中。只有两者相互融合，相互渗透，才能够促进学生关注身边的生活，放眼祖国，放眼世界。

我们从践礼养德、习惯养成这一方面和《读本》相互融合。同学们留心观察生活中的事物，看新闻报道，这是一个好习惯，可以保持。从小扣好人生的第一粒扣子，从小自觉践行社会主义核心价值观，养成友善大爱的好品质。

有的小朋友说可以再种植，通过二年级下册的"试种一粒籽"的学习，我们知道了种植之前要了解植物的习性，现在我们种植起来就会更加得心应手。

还有的小朋友说我们可以变废为宝，利用外壳纸盒，做出精美的物品。

我们在不断地一步一步地复习中，思维导图逐渐变得完整，这时向学生提问：什么是思维导图，我们为什么要画思维导图？你在哪儿还见过思维导图？同学们可以打开活动册去看一看活动册中对于思维导图的阐述，他们也根据自己以往的学习经验告诉大家，在语文课的复习中，语文课的板书中都看到过思维导图的身影。

三、能力培养，成为灵动少年

这次的活动紧扣"创意""灵动""新趣"三个关键词来设计，让学生经历"从经验到理论、从生活到学科、从常识到科学"的转换和上升。只有从学生的生活经验常识出发，才会让知识在学生心中扎根，转化为学生的素养。在实际生活中学以致用，才能充分发挥学生的创造性，使学生真正成为学习的主体，形成和发展良好的行为道德习惯。同时也积极探索多学科的融合，并尝试利用"大思政课"的资源激发学生的学习兴趣，促进他们更好地发展。

在复习课的最后，笔者布置了一个分层长期作业：大家可以试着补充完整今天我们课上的思维导图，也可以独立完成一份自己最为满意的思维导图，可以是其他学科的复习整理，或者自己居家学习的状态，等回到学校后和自己的同伴交流分享。让同学们根据自己学习的差异性自主选择来完成。

学期即将结束时，笔者收到了不少的思维导图，上面记录了灵动少年的生活和学习。在随后的寒假数学、英语活动作业中，笔者都发现了思维导图的身影——学生对思维导图不再陌生。在学校公众号上，一张张美观的、条理清晰的思维导图呈现在我的眼前，少年们将在道法课堂中学到的知识，迁移到各个学科中，学会学习，爱上学习。

李老师曾在自己的工作札记中这样写道："踏入教师这个岗位已经第二年了，在这些年间我经历了第一次担任班主任、第一次参加新苗杯、第一次区道德与法治学科比赛……"从经历了每个第一次到现在，她成长了许多。作为一名青年教师，她谦虚好学，不断收集老教师的经验分享，融会贯通。团队提供了诸多展示机会，个人的努力和同伴的帮助，让她迅速成长为一名合格的灵动青年教师。

（三）"绿叶"繁茂已成荫

她，在教学的舞台上孜孜不倦、上下求索！她就是获得全国中小学"未来课堂"名师教学优质课展评一等奖的江老师。

他，引领信息技术团队打造学校科技特色！他就是获得“教育系统典型人物团队领袖”称号的徐老师。

她，走近学生，赢得学生的心！她就是获得市级“身边好老师”称号的陈老师。

她，追求活跃的课堂和飞翔的思维！她就是获得市级“园丁奖”称号的顾老师。

她，把“真情无限、爱心永驻”铭记在教育人生的责任上！她就是获得“区级优秀班主任”称号，静安区“刘海萍班主任工作研究坊”主持人刘老师……

成熟期的教师们走出了自己的教育舒适圈，打破了职业倦态期，这一切源自学校开展的“绿叶杯”课堂教学大赛等一系列的研修机制与多元的交流平台提供的历练。教师们同台竞技，彰显教学风格，在良性竞争中烈火炼真金。灵动教师总是不断追求卓越、专业精进。

“百舸争流千帆竞，借海扬帆奋者先！”教师们坚守教育的热土，凝聚集体的力量，一起倾听花开的声音，一起品尝累累的硕果，让灵动教师们拔节向上吧！

第八章

孕育着未来：
培育一群灵动的学生

导　言

“聪明有活力，创新有个性”的学生是灵动的。“灵动”是一个人由内而外表现出来的一种气质，是在全面发展基础上富有个性和主体性、德行品质与思维品质兼具的一种格局。

“灵动”学生如何培养？自主管理手册、德育综合实践活动、灵动乐园成长平台、主题实践活动、学科拓展作业、小课题作业……灵动二中心56号灵动列车的每一站，都是“灵动”小乘客们的成长加油站，让他们可以充满活力驶向未来。

第一节　灵动文化孕育自主意识

一、享受课后惬意时光——“自主管理手册”的理念与设计

（一）手册设计背景

“自主学习”思想的由来可以追溯到春秋时期，孔子说“学而不思则罔”，主动思考的学习才是有效学习。“自主学习”从 20 世纪 50 年代起便成了教育心理学的重要课题，以弗拉维尔为代表的认知建构主义认为，自主学习是元认知监控的学习，学习者根据自己的学习能力和任务要求，积极主动地调整学习策略和努力程度。通过直接教学、同伴讨论、合作学习，可以促进学生的自主学习能力的提高。

（二）设计与实施

我校全面梳理现有作业管理相关规定，特修订了“学生自主管理机制”，在此机制下根据学生的年龄、心理等特征设计了“学生自主管理手册”（见图 8-1），旨在让学生在教师积极引导下发掘自身潜力、发现自我价值、确立自我发展目标，能在一天的课堂学习之后，把原本枯燥乏味的作业任务变成享受课后学习时刻的惬意时光。

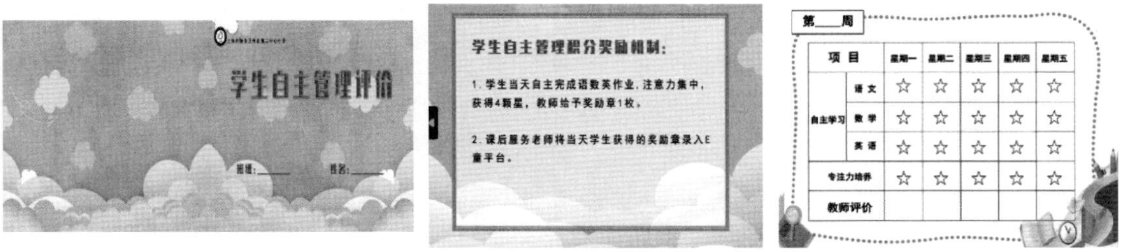

图 8-1　“学生自主管理手册”示意图

手册基于以下几点理念进行设计。

1. 解构学习目标

学习目标也变得像一种游戏目标设定，完成某项作业任务就像完成了游戏里的通关任务，这才能让学生学得上瘾。每天的学习目标不要过于远大，建立有效的支撑行为系统，将大的目标解构，成为一个个让学生稍微使点劲就能够达成的小目标，并做到教师及时给予反馈。

在设计手册的时候，我们根据学生参加学习时刻的情况，将学习任务完成目标分为两类，并设定相应的“摘星任务”。1 颗星＝合格，2 颗星＝良好，3 颗星＝优秀。

■ 参加学习时刻的学生：

（1）学生自主完成当天的语数外作业，注意力集中，在表格中进行自主评价。

(2) 学生当天在语文、数学、英语和专注力培养的自我评价中摘得 12 颗星，由教师给予奖励章 1 枚。

(3) 如学生没有达到奖励章要求则会失去当日“摘星权”。

(4) 对于不守纪律的学生，教师应在“专注力培养”一项中扣除相应星数。

(5) 学生根据自主阅读情况一周进行一次自我评价(周四完成)。

(6) 教师一周对学生的自主阅读情况评价一次(周五完成)，获得优秀的学生，教师在师评一栏中给予奖励章 1 枚，没有达到奖励章要求的不作记录。

■ 不参加学习时刻的学生：

(1) 学生回家后自主完成当天的语数外作业，并在自主管理评价表中(见表 8-1)进行自主评价。

(2) 学生根据自主阅读情况一周进行一次自我评价(周四完成)。

(3) 教师一周对学生的自主阅读情况评价一次(周五完成)，获得优秀的学生，教师在师评一栏中给予奖励章 1 枚，没有达到奖励章要求则失去“摘星权”。

(4) 对于未完成作业的学生教师应在对应的学科里扣除 1 颗星。

表 8-1　学生自主管理评价表

项目		星期一	星期二	星期三	星期四
自主学习	语文	☆	☆	☆	☆
	数学	☆	☆	☆	☆
	英语	☆	☆	☆	☆
专注力培养		☆	☆	☆	☆
教师评价					

2. 激发内部动机

第一要确立“最重要的需求是自主需求”，当学生发现自己可以“自我主张”时，他的潜能就会最大限度地发挥。第二是让学生体验到完成任务带来的成就感。学生经过不懈努力，完成一项任务时，他们会欢欣鼓舞，感受到“我很重要、我能行”。当学生能体会到这两种需求，并知道如何去满足这两种需求时，就会激发出内在学习动力。

由此，“收获园地”诞生了(见图 8-2)，在这个板块，学生可以用图文等方式来表达自己的心情、感悟，也可以提出自己的想法和要求，给学生一个表达自我的空间。

3. 锚定成功体验

心理学上的心锚法，是把事件与情绪建立联结，通过事件唤醒情绪。因此，我们想到了如果让学习行为和良好的正面情绪建立联动，让学生觉得只要抓紧时间认真地去完成作业就会获得成功体验。我们都能给他带来一种轻松的心境和积极的鼓舞，那学生就会自然而然地喜欢去做这件事。因此，我们建立了学生自主管理积分奖励机制。

图 8-2　收获园地

(1) 学生当天自主完成作业，注意力集中，获得 4 颗星，教师给予奖励章 1 枚。

(2) 学习时刻的负责教师将当天学生获得的奖励章录入 E 童平台。

此外，升级奖励更是学生的最爱。参加学习时刻的学生一周获得奖励章 5 枚的学生获得奖励下周任意挑选“我最喜欢的多彩社团活动”的机会 1 次。未参加学习时刻的学生一周获得满星(共 51 颗)的学生同样也能获得该奖励。

小手册让许多同学有了新的挑战，在挑战的过程中收获自己个人的“特权”，不但学习兴趣更浓厚了，教师和学生的交流也有了更多的可能性，使学习真正融入他们的内心。有的同学为了在每天的自主管理手册中获得满星，上课听得更认真了，每次都把听课章拿满。下课的时候，也会主动帮助学习有困难的学生。他们渴望成功地获得满星，期待多一次活动机会，这种渴望正是学生自主前行的动力。

(三) 相关作业管理机制

学校制定了配套的机制支撑作业管理体系，让手册发挥应有的效力。

1. 常规管理机制

我们制订《静安区闸北第二中心小学教学常规(2021 年修订版)》，按照以学定教的基本原则，引导教师以环环相扣的教学过程作为作业设计的依据，整体把握作业的作用及要求，使其成为驱动学生学习的任务链；制订学校作业公示制度，采用“教师个性化＋教研组统筹”“教导处审核”双线管理的方法，每日向学生及家长公布作业内容；建立健全作业批改制度，提倡教师面批和集体讲评，使用指导性和激励性评语，引导学生增强自信心、不断自我改进。

2. 总量预警机制

我校从宏观调控的全局出发，依托“E 童乐园”校园管理平台，搭建作业公示平台。平台在落实学校作业公示制度的同时，记录并实时监控作业总量。一是针对不同学科的特点，学校教导处均衡设置每个学科的作业量。二是教师之间协调预警。如单科作业时间累计超过一小时，则会触发预警，提示教师之间进行协调。三是后台记录预警详情，提示教导处学科分管进行阶段分析，组织反复出现预警情况的班级任课教师讨论分析，激发教师进行作业研究的动力。

3. 学业保障机制

一是项目研究，推进作业研究。“串联三条生态链，架起教与学的桥梁”作业研究项目组，在“学科课程标准—学科单元目标—课时教学目标”之间形成目标链，在“学习活动内容—学习能力培养—课堂练习标准”之间编制方法链，再细化成体现“作业实效检测—作业反馈—作业设计校正”的作业链，提高作业设计的有效性。

二是针对教师队伍的作业设计能力的提高策略。通过“校本研修”树立教师正确的作业观；通过“岗位练兵”驱动教师提高作业设计的能力；通过“建立分层题库”，帮助教师优势互补。同时，建立教师作业试做机制和作业免做机制，对于配套练习部分，教师预先试做作业。根据试做预判学生反馈情况，从而制订不同的分层要求：如可以选择部分习题课堂完成，部分回家练习，回家练习的标出完成时间；需要上课精讲的习题打上五角星（体现分层，指导学困生）。对于部分优秀的学生给予免做激励。

（四）成效总结

陶行知说：“先生的责任不在教，而在教学生学。”教师要制订激发学生主动探究的积极性的学习策略、制订引导学生掌握科学且适合自己个性的学习策略。学生掌握的学习方法越多、越细，自主学习的能力就越强。这也是我们修订“学生自主管理机制”的初心，在整个过程中，我们感悟颇多。

（1）通过对学生自主管理能力的培养，提升了学生的自主学习能力与习惯，促使教师切实贯彻自主能力培养的实践应用。

（2）通过调查反馈，获取学生相关数据和案例设计出符合我校特点的教学指导模式。

（3）自主管理的研究正逐步迈向操作性和实用性，这使得指导策略更加贴近学习过程和实际需求，从而深化了师生对自主学习的认识和实践应用。

推行学生自主管理教育时，教师的指导应与学生的自我管理相得益彰。在确保不超出学生的心理承受和自我调节能力的前提下，教师应勇于放手，让学生自主探索。当学生遇到困惑时，教师则需及时介入，提供必要的引导。唯有教师在放与收之间掌握得当，学生才能培养出积极性和创造力。

二、自信登上缤纷舞台——“灵动成长三十件事”的理念与设计

每一个学生都是一个独特的世界。静安区以学生的发展需求为本，勾画了区域一体化德育蓝图，为学生成长需求服务，让学校成为家园、学园、乐园。那么怎么才能让每个学生都拥有精彩的生命历程？这取决于我们创设的教育能否适合他、挖掘他、发展他。

我校“灵动教育”的核心观点是教育者和受教育者地位是平等的，打破“我说你听”的传统方式，强调小学生的主动性、能动性，突出个体的价值，以学生发展型价值观的构建为学校德育的首要任务。

首先，我们对基础型课程进行了符合教育规律和学校特点的校本化实施。其次，我们依据“知识教育与实践教育相结合、引导教育与自我教育相结合、课堂教育与课外活动相结合”

三个原则，构建超越学科框架的德育综合实践活动课程，起到促进学生全面发展的作用。我们形成了德育综合实践活动课程体系，将六大主题30项活动任务，即灵动成长30事（见表8-2），分配在五个年段实施，并精心设计了与课程相配套的活动手册。

表8-2　灵动成长三十事

主题	一年级	二年级	三年级	四年级	五年级
成长足迹	我是小学生	小红星入队	十岁成长礼	快乐伙伴节	感恩毕业季
自理自治	勤劳的小手	值日小班长	学习好方法	行规小助理	管理之我见
文化传承	开笔礼	二十四节气	中国传统节日	颂扬好家风	最美上海滩
红色寻访	参观红色地标	唱响红色旋律	讲述红色故事	小小讲解员	手绘红色之路
科学探索	生活中的纸	身边的材料	生活中的动力	现代电子电路	AI改变生活
公益服务	环保小达人	雏鹰社区行	友谊小天使	野生鸟类保护	我的公益情怀

（一）目标制订凸显灵动成长三十事的“主体”

以“灵动成长三十事”来组织实施学校德育综合实践活动，需要学校和教师精心设计德育活动。因此，“灵动成长三十事”是有目的、有计划、有组织的活动，在“协同性和进取性”双线目标制订时，要充分凸显学生的主体性。

1. 丰富学生对品德的体验和实践

以往教师们有时会忽略活动目标，在确定了活动主题之后就开始构思活动过程，导致教师对某些活动环节的设计缺乏深入思考。比如我校每年都开展新生入学教育——“我是小学生”，原先学校的做法不外乎“自我介绍”“认识环境”之类。那么，作为踏入小学校门的“初体验”，育人的目的到底是什么呢？灵动教育中，入学教育是成长历程中的重要足迹，目标应当为“初步了解常规”和“产生愉悦自豪的情感”。我们的设计就必须从“认知、情感、行为”出发，设计各种有趣的场景，让新生愉快地体验学校的特色课程，通过组织丰富的活动让新生在游戏中了解须遵守的基本常规。

2. 增强学生对品德的理解和感悟

黑格尔指出：“人做什么事，他就是什么样的人。人不是别的，正是他的一系列活动。”只有通过活动创设和情境营造，个体才会对品德产生切身的体验，对抽象的品德规范产生深刻的认识。

上海是党的诞生地，拥有丰富的红色文化资源。在我们的德育活动课程中，“红色寻访”作为一个主题涵盖了一至五年级的五项任务。那么，面向小学生的四史教育，是否可以依托灵动三十件事德育活动来进行呢？同样，目标设计非常重要，获得道德认同最有效途径，就是学生自主参与的道德活动，而不是教师、家长、成人关于道德的讲解。红色寻访主题中有寻访红色地标、唱响红色旋律、讲述红色故事、红色地标讲解员、手绘红色之路五项任务。这是基于该主题的协同性目标“培养爱国主义精神”中学生对中国特色社会主义道路、理论、制度和文化的认识与理解，与进取性目标“培育愿意为社会主义事业奋斗终身的可用之才”而设计的。五项任务具有一定的关联，呈递增状态，旨在引导小学生在五年内通过自主实践，发展形成正确的价值观。一份红色地标的手绘地图既是五年级同学品德实践的成果，同时又成了一至四年级同学寻访红色地标的指引。学生的主体性成为整个主题的线索，这样的创新设计在我们的德育综合活动中有多处体现，有的贯穿整个主题，有的体现在一件事的某一个实践环节，彰显了“灵动教育”的魅力。

3. 结合学生的生活世界和生活经验

在灵动成长三十事的目标制定中，加入关于学生生活实际的内容，德育活动的设计和组织者（包括教师和学生本体）不能仅仅采用知识化、理性化的说教、灌输和思维训练的方式，而要设计生活化的活动。如科技探索主题中五项任务，充分考虑学生的年龄特点，来源于生活，服务于生活。

（二）内容设计诠释灵动成长三十事的“价值”

灵动教育理念下开展的德育综合实践活动，一方面要为培育“体格强壮、性格开朗、品德高尚、人格独立”的灵动少年服务；另一方面要为形成“从自己的生活中主动地发现问题并独立地解决问题”的自主教育的学校德育生态而服务。

1. “五个给”让传统德育活动华丽变身

我们对灵动三十事的设计，遵循了“五个给”：① 给学生一个条件，让他们自己去锻炼；② 给学生一点时间，让他们自己去安排；③ 给学生一个空间，让他们自己去活动；④ 给学生一个问题，让他们自己去解决；⑤ 给学生一个权利，让他们自己去选择。

以前，我校的行为规范教育往往充斥着各种各样的“声音”：

班主任：学生一天到晚来报告，谁又欺负谁了，谁又做错事了，我的头都大了。

学生：这张纸不是我扔的；也不是我扔的；我也没有扔过……

如今，灵动成长三十事中“行规小助理”活动，改变了行规教育活动的面貌。清早，一批“行规小助理”来到大队部，从柜子中取出执勤装备——智能手机，先登录执勤平台，再来到各自的岗位，在岗位考勤机上进行扫码考勤。接下来的每一节下课，“行规小助理”都需要到岗考勤。每当有同学在课间违反文明休息的相关规定，小助理便会认真提出批评意见，并在执勤平台对该同学做出扣分处理。如果是仅仅抓错，扣分就能抓好行规吗？“行规小助理”德育活动的设计，未完待续的部分恰恰是重点所在。执勤学生只是“行规小助理”队伍中的一部分，他们体验到一份工作所需的严谨认真，感受到学习生活与工作之间的协调和平衡。班级的“行规小助理”们会定时通过班级门口的电子班牌浏览本班行规扣分情况，一旦违规行为累积到一定分值，就会触发班级管理预警。此时，小助理们需要通过班级管理平台向大队部提出使用“灵动议事厅”的申请。灵动议事厅是一个供学生讨论班务、制订解决方案的服务阵地，为学生配置各类会议设备。小助理们在这里商议解决方案，将结果上传至班级天地，由班主任指导、审核。审核通过后，就会以通知形式告知全班师生。学生自行商议的问题解决方案，有的成功，有的失败，但在这个过程中，几乎没有成年人承担主导作用，只有每个环节的引导和审核。每个体验过"行规小助理"的学生，在给条件、给时间、给空间、给问题、给权利的"诱人"条件下，都是认真而虔诚的。

2. "三个阵地"中的游戏与角色扮演

乔治・H.米德在《心灵、自我与社会》中写道，"当一个人扮演某个角色时，他自身便有了产生特定反应的刺激。"学生的道德发展就是角色意识和角色行为的发展。我们在校园中遵循儿童视角，布置了三个模拟阵地：图书馆变身"神秘森林"，提供学习资源；实验室变身"魔法小镇"，提供实验探究的设施设备；大队部变身"灵动议事厅"，提供开放自主的场所。在德育综合实践活动内容的设计中，这三个阵地为学生创设了一个个模拟情境，服务于学生在德育故事、道德规则中的角色定位、角色识别，从而带给学生来自真实生活的善恶体验、良心责任、爱与被爱(见表 8-3)。

表 8-3　德育综合实践活动中角色扮演的结构序列

阶段	内容要求
第一阶段：使小组活跃起来	提出问题、讨论争端
第二阶段：确定扮演者	分析角色、挑选角色
第三阶段：培训观察者	要注意什么、制订观察任务
第四阶段：表演	角色扮演，进行表演
第五阶段：讨论和评价	回顾讨论事件与观点，讨论下一次表演，修正角色
第六阶段：再次表演	扮演修正过的角色，提出此后的步骤或行为建议
第七阶段：讨论和评价	同第五阶段
第八阶段：共享经验和概括	把问题的情境与现实经验联系起来，探索行为的一般原则

(三) 评价设计折射灵动成长三十事的"导向"

德育评价是德育过程的重要组成部分，不仅具有独立的价值，而且能折射出相应的德育观。灵动成长三十事，一事一评价，是我校德育综合评价活动的重要组成。30 个评价方案中涵盖"积分评价""过程记录""争章激励"这三种基本方式，有单项应用，也有多项融合。

1. 积分评价

我校依托微信服务号搭建了"E 童乐园"灵动少年成长平台，采用主题维度的测评方法。例如，以教师为主的测评方法，主要对于灵动成长三十事的完成结果给予"是/否"的简单判断；以周围同学、家长等为主题的测评方法，主要针对灵动成长三十事实施过程中的态度、合作、组织、性格等进行综合型评价；学生对自身进行分析后找出进步与不足的自我反省型评价。

2. 过程记录

这是灵动成长三十事中最重要、运用最多的一种方式，折射出灵动教育是学生发展型的价值观构建为主的目的导向。比起积分的高低，《灵动成长日记》中记录的活动感受、收集的活动资料、制作的活动成果、捕捉的美好瞬间，真实地记录着每一个灵动少年成长的心路历程。

3. 争章激励

“定章→争章→考章→颁章”流程体现了德育综合活动的自我教育激励作用，定章在“选择中学自主”，争章在“实践中求感悟”，考章在“展示中强自信”，颁章在“持久中育品质”。学生把自己在实际操作与活动实践中获得的探究问题的能力，内化为正确的情感、态度与价值观。

灵动成长三十事中的最后一个项目，是一场与颁章相结合的毕业典礼。灵动成长三十事所带来的记忆美好而深刻，在争得小学阶段的最后一枚必修章——五星红旗章之后，灵动少年们亲手篆刻小学历程中所争得的每一枚章，满载母校的青春祝福，踏上新的征程。

第二节　在灵动乐园中茁壮成长

一、"灵动乐园"成长平台

我们从工业社会走向信息社会，教育也必须顺应这样的改变，在学习什么、如何学习、如何教学等方面做出调整。新课标明确指出我们的教育要促进学生的全面发展、关注学生的学习过程、培养学生的核心素养，让学生能够适应未来，其中具有导向作用的学生评价方式显得尤为重要。

2003 年建校伊始，学校就尝试借助信息技术对传统的学生评价作出改变，并取得了一些成果。

（一）初试信息化，将"百分制"转换成"等第制"

学校 2004 年就尝试将以往主要是"纸笔测试"的考试类学科，转变成"等第制"，同时将原有的综合试卷进行分项。学生在《上海市学生成长手册》上看到的，不再是冰冷的分数，而是一串从分项到总评的等第，以及与之相对应的评语。看似简单地将"百分制"分数变成"等第制"，实则让我们关注到每个环节、每个方面和整个学生的学习过程，在缓解学业压力的同时指明了改进的方向。

学校利用信息技术优势，设计了一套自动转换等第的表格，教师还是像以往一样输入分数，而表格则自动将其转换成等第。以当时九月份四年级的一次数学练习为例，因为这个单元主要是以考查学生的综合运用能力为主，并让学生初步尝试表达与交流，因此在整张试卷的分数分布上，应用占的比重最多，表达与交流占的比重最少。学生做完试卷后，教师只需将学生每个大项的实际分值依次输入电脑，电脑就会自动生成总分及每个单项的等第评价。虽然，这张试卷最后的评价都是良，但我们可以看出这两个良包含的分量是不一样的。第一名学生每个单项发展都比较均衡，而第二个学生强项和弱项非常地明显，这就提醒我们教师给学生的下一步学习指导要尽可能提高弱项，发展强项。

在信息技术的加持下，我校的"等第制"评价，比 2013 年起上海市在小学一、二年级实行的"等第制"早了近 10 年，比 2016 年起上海市小学全面实施"等第制"早了 12 年。

（二）超前运用信息技术进行学习过程评价

我们在学生评价领域也进行了大胆创新。2004 年，我校自行研发了上海市首创的《小学课堂即时记录系统》。尝试运用信息技术将学生评价的发生提前至学习过程中，将发展和变化过程与评价的结果有效地结合。我们将目光投向学生生命成长的课堂评价。学生的回答是否完整，语音是否标准，是否能大胆表达，跳出思维的框框等。

在当时实验组教师的大胆畅想和信息技术的加持下，学校自行研发了一套时至今日都不过时的"小学课堂即时记录系统"。一台电脑、一个收音话筒、一个录音软件、一个通过教师在课堂上简单点击就能生成学生编号和时刻的自行开发的小软件，是当时的所有。但其中包含的评价理念，就是用新课标去衡量都毫不违和。

以一堂英语课为例，我校英语教师使用该系统上了一堂英语课后，系统会自动生成一些数据。我们可以清楚地看到：这堂英语课中，有某某、某某……共 7 名同学的记录。其中让教师记忆最深的是 E4 同学，她共有 3 次记录，分别是 8:10、8:19、8:21。她是如何表现的呢？我们一起来看一下其中的一个片段。在 8:19 分之前教师提出了一个问题：What does your father like to eat? 你爸爸喜欢吃什么？一般孩子会回答，My father likes to eat sth.我爸爸喜欢吃什么什么。而 E4 同学不仅这样正确回答了问题，He likes to eat meat and fish.而且还加了描述性的语句 He is so clever.来赞赏他的父亲。（点击录像）为了鼓励她大胆地在课堂上发表自己的意见，教师不仅表扬了她，还点击记录下了她这次精彩的回答。当然在课堂中，优秀的学生毕竟是少数，我们不仅要关注平时在学习方面比较出色的学生，更要关注平时学习并不突出，或者比较困难的学生。我们一起来看一下 C1 小朋友的录像（点击录像）。这个孩子平时在课堂上默默无闻，甚至有时游离于课堂之外，而在这节课中，他积极地举手发言了，虽然第一次并不流利，但在教师的鼓励下，他非常准确、流利地回答了问题。为了鼓励他的进步，给他学习的信心，教师将他的这次发言也记录了下来。

我们可以试想一下，当这些数据记录到一定的量以后，它能为我们的学生评价做些什么？老师和学生能从这些数据中得到什么？

再举一个例子，语文课上，教师充分利用课堂及时评价系统，将学生的朗读，回放给学生，让学生在课堂上就能倾听到自己刚才的声音是否读正确了？是否读出了古诗的韵味？课堂及时评价毫无保留地反映出了学生们最真实的一面……这与如今广泛应用于语言类学习的各种 APP 如出一辙。在 2005 年我们也尝试借助外力，请第三方的信息科技公司帮助开发，但受限于当时的人力及信息技术的发展水平，未能实现。

（三）技术与教育深度融合，灵动乐园成长平台见成效

当然，为了灵动少年们的茁壮成长，我们在运用信息技术提升评价效率和改进评价方式上的努力并没有停止。

2018 年，我们再次与第三方信息科技公司合作，尝试搭建学生综合评价平台“灵动乐园”成长平台。此时信息技术的发展又达到了一个新的高度，各类信息技术设备在学校中的运用变得更为普及，教师对教育信息化更认可了。我们不断以学校真实的评价运用场景提出需求，让第三方合作公司实现，再经历我们的试用、改进、迭代，让技术与教育深度融合，让“灵动乐园”成长平台逐渐成为我们需要的信息技术平台，为更多地尝试创新性的评价方式提供了可能。

1. 指向学生全面发展的顶层设计

在“灵动乐园”成长平台建设的初期，学校进行了需求分析与系统规划。教师团队共同讨论和确定学生成长的目标和指标，明确系统的功能和特点。同时，开展针对学生、教师和家长的需求调研，收集意见和反馈，确保学生成长系统能够紧贴实际教学和学生发展需求，最后形成了指向学生全面发展的三大板块：四格联合、四格齐辉、四格共生。

其中，四格联合对应着学科类评价：包括知识掌握、学习能力、学习态度等学科学习的

多维度评价。基于学生的学科评价数据，系统会根据学生的优势和需求，给到对应学科老师有针对性的数据，辅助教师教学工作。

四格齐辉对应学生行规评价：包括行为规范、团队合作、自律能力等校园行为评价。教师可以通过平台记录学生的行为表现，同时家长也能及时查看学生的行规评价，促进师生家长三方的合作和关注。

四格共生对应学生拓展活动评价：支持对学生社团活动、课后服务参与情况进行评估，评价学生在社团活动中的积极参与度和成长表现。帮助学生在社团活动中发展综合素质，培养创新、合作和领导能力。

2. 针对不同评价板块的评价方式

（1）针对学业成果的评价方式。我们认为传统的纸笔测试也应该成为综合评价的一部分。因此，利用信息技术强大的计算和汇总分析能力，对学生纸笔测试的结果录入平台进行评价仍旧保留在平台之中。这是传统评价模式在信息技术加持下的迁移，更多的是在原有基础上改善评价流程，实现减负增效。

（2）针对学习过程的评价方式。基于《课堂即时评价记录系统》，开设有课堂表现的评价功能，通过教师在课堂上操作移动端设备，对学生的课堂表现进行正负两个方向的评价。教师只需要点击正面或负面评价，再点击相应学生的头像就可完成评价，最终的评价数据将以班级为单位分阶段进行汇总统计，在兼顾不同教师评价频率的同时，一定程度上保证了评价公平公正。作业表现则根据教师的日常纸制操作习惯还生成了“等第制”和“订正制”两种，如果教师平时习惯使用“等第制”对学生的日常作业进行评价，那么作业为优，就在平台上将“优”标记在对应学生的学号上。如果教师平时更关注作业订正情况，那么就可以使用“订正制”，就可以将“及时订正”“订正”等，标记在对应学生的学号上。最后平台也会自动将对应的分值计入，同样以班级为单位分阶段进行汇总统计。

（3）针对考查类学科的评价方式。平台针对考查类学科设置了专门的评价板块，通过四项 12 次的评价记录，尝试用相对统一的模式为不同学科、不同评价方案提供信息技术支持下的评价方式。每个学科都可以设置四个评价维度，可以以能力划分或以项目划分，而对应的每一项下，都可以生成三次评价记录，为各学科使用取平均、多次择优，甚至是在项目式学习后，按学科能力进行评价提供了可操作的空间。另外，学生可以跨年级在课余时间进行争章，只要达到相应的标准，就可以在平台上给予相应的荣誉章。

（4）针对社团活动以及课后服务的评价方式。平台通过每次活动的学生点名数据直接统计出学生参与哪个社团活动，参与了多少次，通过将数据描述反馈在学生移动端与教师在社团活动中捕捉的学生活动场景组成的电子成长记录形成了这些学习活动的评价。

（5）针对德育活动和其他学校活动的评价方式。积分制和电子奖状系统，平台可以根据学校的活动开启相应的积分活动和电子奖状。根据学校制订的活动方案，只要学生参与活动，并达到相应的要求，即可给予学生相应的积分或电子奖状。其中积分用于积分商城兑换，电子奖状则进入平台中学生相应的电子成长记录袋中。

3. 深度合作下的使用与改进

在这 5 年多的时间中，每进行一次平台功能的开发，学校都要进行试点运行，收集试运行期间的教师和学生反馈意见，发现问题和不足，及时进行改进和优化。通过试运行，逐步完善系统，确保系统的稳定性和有效性。

在试运行成功后，学校再进行全面推广。学校开展相关的培训活动，组织教师研讨，向教师和家长发放使用说明和报告解读等，确保教师和家长能够熟练使用系统，并参与到学生成长管理中来。从0开始，经过5年多的持续投入发展，已经形成了较完整的学校学生评价大数据的闭环，从各个方面支持学校的学生成长评价工作。

随着合作的继续进行，人工智能技术的不断进步和应用，我们相信"灵动乐园"成长平台将呈现出更加智能化的特点。在后续平台的迭代更新中，会更加注重自动化数据收集。例如通过与学校信息系统、教务管理系统等多个渠道获取学生的学习成绩、学习行为和表现，采用先进的数据分析算法和人工智能技术，对学生评价数据进行自动化分析和挖掘，快速识别学生的优势和不足，发现学生的学习问题和潜在需求。

二、"灵动乐园"评价机制

评价不仅要关注学习结果，更要关注学习过程，关注学生在学习活动中所表现出来的情感与态度，帮助学生建立信心、认识自我。

2022年5月颁布的《义务教育课程方案(2022年版)》进一步指出，"要改进教育评价，全面落实新时代教育评价改革要求，改进结果评价，强化过程评价，探索增值评价，健全综合评价"。教师要更新教育评价观念，强化素养导向；创新评价方式方法，倡导基于证据的评价；提升考试评价质量，促进"教-学-评"有机衔接，有效减轻学生过重的学业负担，指向学生的学业改进。

学校在前后五年的反复试验和摸索中逐步建立了基于信息技术平台综合评价体系。而这些要求和理念伴随着更符合学生发展的"灵动乐园"成长平台的逐步建立，更多的评价机制得以在二中心生根发芽。

(一) 改变了语数两科一月一综测的传统，"从测量走向评价"

我们将综合练习中的分项独立出来，形成了一个学期三次专项和一次综合的评价模式，这一转变可以让每次的专项变得更灵活，不再拘泥于纸笔测试。例如，语文学科进行词汇专项时，就采用过游园会猜灯谜的形式，学生在活动的过程中完成测试，教师在学生活动的过程中完成评价，毫无压力。最终，所有的数据则交给"灵动乐园"成长平台。只要在平台上做好初始设置，教师录入后，平台就会根据评价需求自动转换成相应的等第。教学管理部门通过平台自动的数据分析了解学生整体的学习情况，教师根据数据分析后的结果，分析出学生的学习情况，以此为依据改进教学策略，有针对性地指导学生抓差补缺。而学生和家长最终通过"灵动乐园"平台的移动端查询到对应的等第和评语。

关注学生的学习过程，重视对学生在学习过程中的表现进行评价则更能及时地帮助学生改进学习。信息技术的发展让我们再一次尝试在课堂中，在学生学习的第一时间进行评价。通过在"灵动乐园"成长平台上增加课堂表现模块，实现了学生有一次课堂发言，教师就可在平台中记录，通过数据积累形成学生课堂表现的评价。

（二）继续尝试在学习过程中的形成性评价

不可否认，课堂中的即时发言是学生在学习过程中很好的观察点，但学生的课堂即时发言表现得好，就等同于这名学生的课堂表现好吗？类似这样的问题就不是信息技术平台能解决的了，我们经过几轮摸索形成了现在的依据学科特点逐步增加观察点，让课堂表现的评价更全面。

一位教师除了完善课堂发言这一观察点外，还将学生听课情况、合作学习情况等纳入其中。首先将课堂发言情况大致分为三类：① 发言回答但不正确；② 发言并回答正确；③ 发言且回答质量较高。根据这三种情况给予不同数量的正面评价（加分点击，点击次数越多，分数越高）。如此设计操作即将学生课堂发言情况进行分层评价，又调动了学生发言的积极性，因为无论回答是否正确，只要主动举手发言都会有正面评价，使得学生在课堂的参与度大大提升。其次，增加"听课情况、合作学习情况"两个观察点。在课堂上，教师会提前准备"倾听"奖券，发放给上课时始终专心听讲的学生，集体朗读或自主练习、阅读、思考时能认真完成的学生；同时在分小组讨论、完成学习任务时，发放给那些善于合作、讨论、倾听、交流的学生。当学生积累到 5 枚"倾听"奖券，可在课后兑换一次正面评价（加分点击）。这使得课堂表现评价更全面了，得到的评价数据也相对客观，确保一定程度的公平性。尤其对于低年级的学生，在引导他们遵守课堂纪律，培养良好的听课习惯、学习态度，促使学会协同合作这些方面都收到了很好的效果。

另一位自然老师对课堂表现评价则由课前准备是否充分科、课前小调查是否完成、课堂上用于证明结论的小实验设计是否合理、是否运用科学严谨的学知识和方法、是否积极举手发言和遵守课堂纪律等一起组成了自然学科的课堂表现评价依据。除此，自然学科强调在小组合作中提升学科素养，充分发挥学生在学习中的主体地位，因此，几乎每节课都有小组合作环节，并通过具体的评价表来指导学生进行小组合作，将评价主导权交还给学生，鼓励学生在学习过程中进行自评与互评。如此，将课堂上评价量表的星星数转换到课堂表现的正面评价上来，也成为自然学科课堂表现评价的一部分。

同样，我们认为通过对日常作业的评价，并利用平台对数据进行汇总分析，形成评价依据，对指导学生改进其学习有着更及时有效的作用。有别于课堂表现中的正面评价（加分点击）和负面评价（减分点击）。在作业表现方面，平台设计了另外两种源于教师日常操作的评价使用方式，我们称之为"等第制"和"订正制"。

语言类学科教师常常习惯用等第对学生的日常作业进行评价，特别是在字词巩固的抄写类作业和写作类作业上。而平台上作业表现的"等第制"等于是将这一纸质上的评价行为转移到了平台上，借助平台在数据汇总和分析方面的优势，我们可以"基于证据"给予学生免做一次或多次的抄写类作业奖励。同时，优、良、合格等这些等第则对应了不同的加分点，为后续作业表现的阶段统计和评价提供了依据。

数学教师则更关注学生订正的情况。平台用"优秀""全对""及时订正"取代了简单的优、良、合格。显然有了这些数据的支持，学生的学习表现可以有更全面，更客观的评价。也为教师科学地进行作业分层提供了依据。

在进行如音体美、自然劳技等学科的评价中，我们发现除较为普遍的课堂表现评价外，常常还具备另外一些特点。比如，学生通常是在课堂上在教师的指导下通过作品呈现，展示外化所学，通常这些外化需要几节课才能完成。因此，我们在平台中为这些学科设计了一个四项12列的评价表。比如，美术学科教师定义的是美术基础、绘画、色彩、塑性，通过较为集中的几周课时，完成三次同类项目的任务，学生可以看到自己绘画能力的提高，平台上则可以自动计算出每一项的综合评价。劳技课老师的观察点则放在草图设计、作品匹配度、物化成果和安全意识四个方面，即平台中的四项。比如在"制作卡片夹"时，学生设计的制作草图，在数据、精准单位和规范绘图三个方面都做得不错，并使用了尺、圆规等工具进行直线、圆形的绘画，那么在草图设计这一项下就可以得到一个优秀的评价。当他完成作品后，我们观察到他的制作草图与作品之间，匹配度和功能调整是一致的，就在作品匹配度这一项下给予他优秀的评价；而物化成果——卡片夹只要达到规定的制作要求同样可以在物化成果这一项中获得优秀；最后，在整个制作过程中，对于学生是否有安全意识，能否正确使用工具，同样在安全意识这一项中给予评价。当一个学期下来，平台上的评价表中就记录下一学期中三次学生完成作品过程中自然形成的评价，既真实发生又指向学生的学科能力。在技术平台的支持下，如何改进自己的学习，一目了然。

实际上，无论是课堂表现、作业表现，还是四项12列评价表，信息平台都只是提供给教师一个简单的录入入口和计算输出的功能，真正要发挥其评价作用，还需教师根据学科特点、教学内容、学情特点来创造性地使用平台，制订自己学科的评价规则。

我们还尝试通过积分兑换制和颁发荣誉证书的形式对学生其他的学习表现作出评价。比如将学生积极参与学校开展的各项活动，如学校组织的各类社会实践活动、文艺演出、运动会和各类科技活动等作为使用积分进行评价的内容，以关注学生的集体适应力，协作能力、分享交流能力等。当获得的积分达到一定数量时，就可以在平台中进行兑换。通过积分奖励的方式进行评价，延迟满足的成就感还能为学生自我管理、兴趣培养，自信心建立提供途径。校内活动和比赛由平台发布电子荣誉证书，记录在学生个人的电子档案袋中。

社团活动与课后服务在最近的几个学期也被纳入了"灵动乐园"的评价体系之中。在平台上，每次参与活动教师都会对学生点名，而由此产生的参与次数则自然而然地成为社团活动与课后服务的评价依据之一，加上教师在活动过程中可以将活动的精彩瞬间，成果照片上传至平台，就形成了目前社团活动与课后服务的评价机制：简单的语言描述（本学期共参与了某某社团活动几次），加上同时记录到学生个人电子档案中的活动照片。

五年多来，信息技术平台在建立更多更便捷的录入方式，充分收集汇总数据与分析数据。学科教师不断探索赋予促进学生成长的评价内涵和机制，为学生的发展而服务，使指向培养学生学科素养，创造性解决问题的学生综合评价的"灵动乐园"评价机制越来越丰富、越来越全面和完善。

三、"灵动乐园"评定方案

信息技术的深度介入，加上各学科教师针对各自教学场景创设出的评价机制，使"灵动乐园"评定方案逐步成型。我们以"让每个孩子健康快乐地成长"为核心，建立了一套促进学生全面发展的新型学生评价体系。

（一）评价原则

突出学生评价的发展性功能：评价不仅停留在横向比较，更要着眼于纵向发展，关注个体差异，更多体现对学生的关注和关怀上。通过评价促进学生在原有水平上有所提高，帮助学生建立自信，认识自我。

（1）拓宽学生评价的内容。评价不仅是单一的学习成绩的评价，而且指向学生核心素养的形成，创造性思维、批判性思维的发展，真实情境下问题解决能力的提升，合作意识、信息素养等关系到学生适应未来生活的能力都将在学生综合评价中得以体现。

（2）教学与评价有机整合。建立多样化的评价方式，将评价嵌入真实的教学任务之中，促进"教-学-评"的有机衔接。

（3）多主体参与评价。重视学生自我评价，促进自我管理与成长，要将他人的评价与自我评价结合起来，构成多主体参与评价的体系。

（二）评价策略

体现开放，强调多元，注重过程，促进发展。

（三）评价方式及方法

1. 注重形成性评价

（1）针对学习过程的评价。多形式、多渠道地用激励性语言评价学生，鼓励学生爱学、乐学。

（2）针对学习兴趣的评价。对学生进行分项评价，阶段性地开展问卷调查。在一定的时间范围内，通过问卷设计，发现学生学习兴趣的发展态势。

（3）针对学习习惯的评价。注重日常教学中给予学生适当的评价，通过家庭反馈、校内反馈、自我反思，促进良好学习习惯的养成。

（4）针对学习方法的评价。注重学法指导，引导学生发现、运用、总结好的学习方法。

（5）针对情感态度的评价。将学习知识与培养情感有机结合，抓准时机及时评价。

（6）针对学习方式的评价。倡导自主、合作、探究的学习方式，培养合作意识。

2. 建立基于学生全面发展的评价体系

（1）关注学生的学习过程，注重日常的评价，体现动态的评价管理。

（2）根据学生的学习过程，将形成性评价与终结性评价相结合，将学生在学校中的非学业表现纳入学生的综合评价体系当中。

现行评价体系包含：

（1）语数英学科为每学期分三个阶段的课堂表现与作业表现的形成性等第评价，和分三个专项与一次综合的终结性等第评价。

（2）音体美等学科为每学期分两个阶段呈现课堂表现的形成性等第评价与四项学科能力等第评价。

（3）拓展活动：社团活动和课后服务的描述性评价和成长档案袋评价。

（4）最终生成包含评语在内的指向促进学习的多元评价报告，学生可以看到自己的薄弱之处，判断自己的学习质量和进步、努力情况。让每一个灵动少年都拥有属于符合自己“成长轨迹”的“灵动成长计划”。

“灵动成长计划”不仅展现了学生学习的过程性，而且可以和学生的终结性评价进行有机整合。“灵动成长计划”的持续推进，帮助学生体验到一步一步成功的喜悦。

第三节　乘坐56号灵动列车驶向未来

课程是重要载体，落实国家培养目标、彰显学校育人特色、塑造学生心智模式。有什么样的课程就有什么样的思维方式和行为方式。一所学校的课程应当构建一个有逻辑的“育人整体”，而“灵动”的办学思考响应“双减”政策，更要在有限的课程实施时间和空间内平衡好两者的关系。

国家规定的基础课程和学校自行设计的校本课程为灵动少年的未来发展添上“双翼”。校园里，走廊中，一辆高速列车正向着少年们飞速驶来，“56”号象征着学校的地址：原平路56号。“灵动列车”带来了邀请：未来已来，你们准备好了吗？

一、列车始发站：以低年级主题实践活动引发“小问题”

结合国家课程标准与小学主题综合活动课程纲要中的要求，学校课程以“灵动展翼，能量无限”为理念，培养学生科学精神、增强科学兴趣，发掘创新意识、提升实践能力，逐步形成实现“四格齐辉”育人目标所需要的正确价值观、必备品格和关键能力。学生乘坐56号灵动列车穿梭于“灵境世界”，在做做玩玩中收获“灵动能量”，开启一段全面而有个性的科学成长之旅。

（一）课程目标与育人目标对接

发现自我：形成自我完善与发展的意识，具备强烈的好奇心，善于思考、敢于实践、珍爱生命，积极践行科学、健康的生活方式。

连接社会：理解科学、技术、社会、环境之间的关系，具备探究热情，建立与他人的真实联系，形成社会责任。

感受自然：建立人与自然关系的认识，能从科学的视角探索事物的本质属性及内在规律。具备一定的科学探究能力，能够享受、创造、保护大自然。

具体如表8-4所示。

表8-4　课程目标与育人目标对接

四格齐辉	科学精神			实践创新		
	理性思维	批判质疑	勇于探究	劳动意识	问题解决	技术运用
体格强壮			意志坚强	良好习惯	抗压能力	
性格开朗	科学思维	逻辑缜密	思维灵活		探究热情	工程思维
品格高尚		坚持原则	责任担当	劳动意识		
人格独立	实证意识	独立思考			方案制订	创新创造

(二) 问题情境指向核心素养培育

核心素养需要在情境中显现、生成与发展,在学生的亲身实践中逐渐养成。同时,核心素养又离不开知识学习,需要凸显知识的情境性、整体性、实践性与个体性,把知识放回问题情境之中、以大概念为核心展开教学、让学生在实践参与中学习、从自我体验到理解性学习。

在“56号灵动列车”主题式实践活动课程方案制订初期,教师普遍比较重视体验性学习的开展。为此,我们加强了对主题式综合活动设计与实施关键环节的研究。

1. 探究实践

在教师的指导下,通过资料收集、实地调查、实验、论证等不同研究手段,形成对问题的理解,并尝试提出解决方案。我们感到,小学生采用探究、表现、交流这三个环节组合而成的“探究型实践”,能弥补原先课程实施不足。学生首先从探究活动中获得直观感受,生成有助于问题解决的关键经验。然后进行图画、设计、制作、表演等创意物化与表现表达,将活动经验转移到适合的载体上。最后,通过展示交流,促进个体经验在小组间流动。在这样一个过程中,小学生的表达、表现更为科学和真实。

2. 问题情境

首先,问题情境应当是真实的。从生活情境中产生的活动任务,容易被小学生感知理解。其次,活动任务应当隐含关键问题或者探究问题的思维框架,这是影响探究深度与品质的重要因素。我们从学生日常生活中感兴趣的现象、事件和问题入手,选择有探究价值的生活情境。任务设计时,我们不排斥知识的自然融入,把知识学习作为解决问题、完成任务的手段。我们也会把关键问题分解为若干个小问题,以问题链引导和驱动学生探究,降低活动难度。

3. 创意表达

创意物化与表达表现可以有多种方式,比如,绘画、小报、思维导图、调查报告、手工模型、表演等。个人或者小组合作完成活动任务后,开展多元的展示、交流与评价活动。在学校搭设的各项文化交流节日活动中,引导学生自评互评、感悟反思,推动活动经验在个体间转移、增值。

(三) 课程结构呈现螺旋递进

从学生实际需求出发,遵循学生年龄特点,课程内容循序渐进,课程目标螺旋上升,引导儿童充分感知生活,体验、观察、猜想、探索、实验、劳动(见表8-5)。

表8-5 不同阶段育人方式与目标

目标/年级		低年级	中年级	高年级
科学精神	知识与技能	初步形成对自然、社会、自我的正确认识	拥有一定的科学常识,理解科学技术与自我、社会和自然的有机联系	了解科学技术推动着人类社会的发展和文明进程

（续表）

目标/年级		低年级	中年级	高年级
	过程与方法	积极参与有益的活动，喜欢提出问题，能够通过涂画、手工等形式表达自己的想法	从周围生活中发现并提出与研究主题相关的问题，形成问题意识。能将创意和方案转化为有形物品或对已有物品进行改进与优化	能与同伴以小组形式合作探究，经历从发现问题、尝试探究、初步解决问题到成果展示和交流的研究过程
	情感态度价值观	对周围事物和现象保持一定的好奇心，乐于尝试，对生活中的科学现象表现出探究兴趣	具有好奇心和想象力，有不畏困难，坚持不懈地探索精神。知道保护自然环境和社会发展人人有责	崇尚真知，有实证意识和严谨的求知态度，能独立思考并多角度、辩证地分析问题
实践创新	知识与技能	认识身边的人工世界，知道简单工具的功能和使用方法	了解科学技术对人类生活方式和思维方式的影响	了解技术是人们改造周围环境的方法，也是人类能力的延伸
实践创新	过程与方法	在生活中利用身边可制作加工的材料和工具，完成简单的日常任务	在家务劳动、生产劳动、公益活动和社会实践中改进和创新方式、提高效率	在活动中找到解决问题的合理方案，通过不断尝试将创意和方案转化为有形物品或对已有物品进行改进与优化
实践创新	情感态度价值观	具有积极的劳动态度和良好的劳动习惯	具有改进和创新劳动方式，提高劳动效率的意识	能大胆质疑，并能接受别人的批评和意见。具有通过诚实合法劳动创造成功生活的意识和行动

一至五年级每个学期设置主题，课程设计螺旋递进。我们充分利用校内基础设施及周边社区、场馆、企业等资源，整合梳理学校原有的灵动少年成长日记、悦思维、E 童行、慧风采等特色课程内容，构建一座多元化、沉浸式的“灵境世界”，引导学生畅游十大主题场景。

二、旅行中的珍贵日记：走出课堂的“百变”作业

人生最大的收获并不是抵达终点，而是欣赏到一路美丽的风景，采撷和收集最美的回忆。小学阶段是人生的启蒙之旅，综合实践活动课程“56 号灵动列车”为学生打开了一扇窗，去感受外面沸腾生动的世界。

如果说“灵动课程”就像是一条蜿蜒的长河，“学科拓展作业”就是河水冲刷后形成的光滑的小石头，有的闪闪发光，有的质朴温润。这是每个灵动少年值得珍藏的瑰宝。

面向未来的行动策略应该保持理性，一方面广开学科课程“研究性学习”大门，另一方面充分发挥综合实践活动的课程形态优势。因此，我校各学科利用假期、节日持续开展学科拓展学习，教研组精心设计学科主题综合实践作业。

以下撷取学校连续开展四期的“LongLong 暑假”学科拓展系列中的部分优秀作业，抛砖引玉，引领教师为发展学生思维能力和创造力而作进一步的探索。

（一）小作业，大生活——生活化作业设计例举

案例 8-1 ①

制作节气钟

一、设计说明

暑假中，一年级数学教研组组织学生开展主题为“认识二十四节气”的学科综合活动，主要内容是：了解二十四节气的名称、知道节气对应的时间、掌握钟面的基本画法。

教研组收到了一年级小朋友精心制作的节气钟，这些节气钟风格迥异、各具特色。我们挑选了以下两个节气钟来进行介绍（见图 8-3）。（以下简称“钟 1”和“钟 2”）

二、学生作业

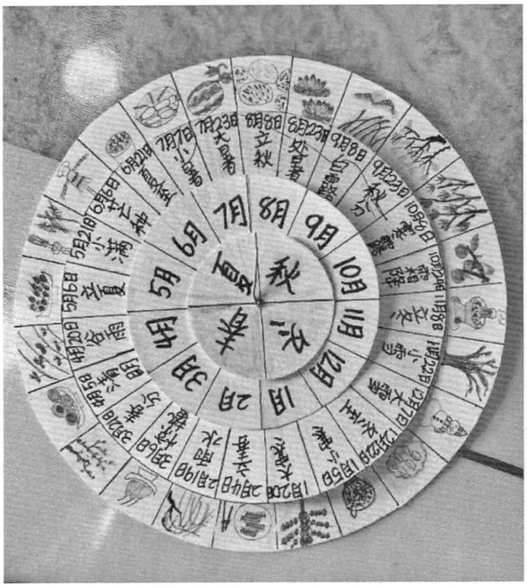

钟 1

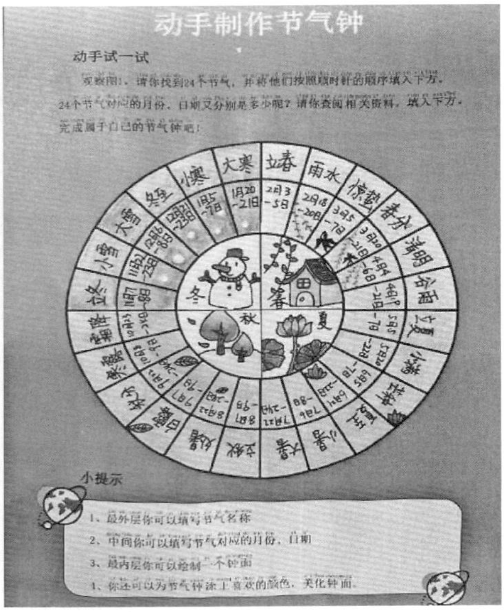

钟 2

图 8-3　学生作业节气钟

钟 1 对钟面进行了更为立体的设计，将钟面分为 4 层，增加了节气钟整体的可玩性。节气钟的最外圈是最大的亮点，绘制了节气对应的景物、事件，将晦涩难懂的节气与具体的事物联系在一起，加深了学生对节气的认识。钟 1 整体配色简约，字迹清晰，钟面一目了然。

钟 2 将二十四节气与四季对应的关系利用色块清晰明了地表现出来，学生在观察钟面时感到十分方便。钟面所选择的配色贴近各个季节的特点，字迹端正，整齐规范。

本次作业具有以下特点：① 弘扬中国传统文化，增强文化自信。让学生认识节气并以

① 本案例由秦璟老师提供。

自己的方式制作节气钟记住节气。让学生在理解二十四节气是我们古人智慧的结晶同时亦是中华民族顺天而行休憩劳动的缩影，有助于传统文化的传承。② 数学知识藏于其中。一年有几月？每月有几天？我们口中的春、夏、秋、冬分别是哪些月份？对于一年级的学生，小小的节气钟蕴藏着他们还未开始学习的数学知识，通过完善节气钟，在潜移默化中完成了对于知识的初步理解与运用，对于今后的学习与生活十分有帮助。③ 巧妙留白，面向不同年龄段的学生。本次作业中，我们将节气的名称、时间、由来以及钟面的大致框架都给了学生。一年级学生所需要完成的是对于内容的整理、分类与填空，以及钟面的设计美化。面向学有余力的学生，可以将大部分内容甚至钟面的框架进行留白，把数据收集整理、钟面平均分割任务完全交给学生进行处理，形成作业分层。

（二）小作业，大格局——思维可视化设计案例

案例8-2 ①

思维导图助力学生的语言表达

一、设计说明

二十四节气是中国传统文化中一项独特的时间观念和生活方式，它反映了中国人对自然的敬畏和与自然的和谐相处。四年级英语组在寒假作业中，通过四个语用任务——观看央视英语纪录片 *24 solar terms*、小游戏测试、制作一幅思维导图、录一段视频，用英语介绍一下最喜欢的节气，带领学生了解二十四节气文化，培养学生跨文化意识和文化自信。

首先，在本次作业中，学生通过观看央视英语纪录片 *24 solar terms* 了解二十四个节气的由来，英语名称，每个节气的气候特点、民俗民风、各类活动。学生们通过观看这段视频，对二十四个节气有了最初步的了解，特别是如何用英语表达二十四个节气有了较深的印象。所以在观看完视频后，通过一个小游戏进行一下测试，试试这二十四个节气的英语表达你都会了吗？试试你最高能得几分？

其次，在初步了解二十四个节气的英语表达以后，如何就其中你最喜欢的节气进行深入的研讨和学习？教师充分利用资源，让学生登录喜马拉雅听书的网址，或扫二维码，听一听各个节气的详细英语介绍。然后选择你最喜欢的一个节气，用英语完成一张思维导图。这个活动主要让学生就一个节气进行深入学习，从学生提交的作业成果中我们可以看出，学生在自主学习的过程中，利用思维导图可视化工具，通过听，画，写，贴等形式；从名称(name)，日期(date)，气候(weather)，食物(food)，习俗(customs)，活动(activities)等几个方面完成，最后呈现出一张独一无二的思维导图。通过完成这个思维导图，培养学生思维能力，对所介绍的节气，也有了更深入的认识。这个活动既锻炼了英语听力，也展现了多学科整合的

① 本案例由陆斌老师提供。

效果。

最后，英语终究应该开口说才行，口语交际也是英语学习的重点。在看、听、写的基础上，语用输出的表现形式是让学生录一段视频，用英语介绍一下最喜欢的节气。可以用到 I like ... I see ... I can ... I eat ...等学过的句型，当然，能用更多、更好的语言来介绍那更出色！

整个英语暑期学科特色活动，活动内容丰富，活动形式多样，活动难度层层递进，活动效果十分出色，学生们在这项活动中体验了在“看”中学、“听”中学、“玩”中学、“画”中学、“说”中学等各式各样的学习方法，学得开心，学得愉快！

二、学生作业

学生作业如图 8-4 所示。

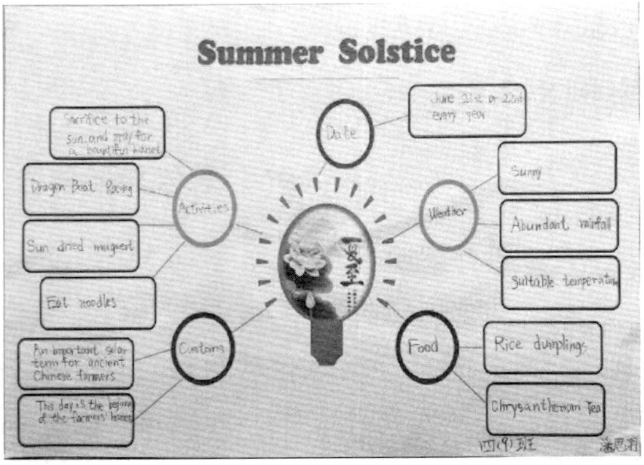

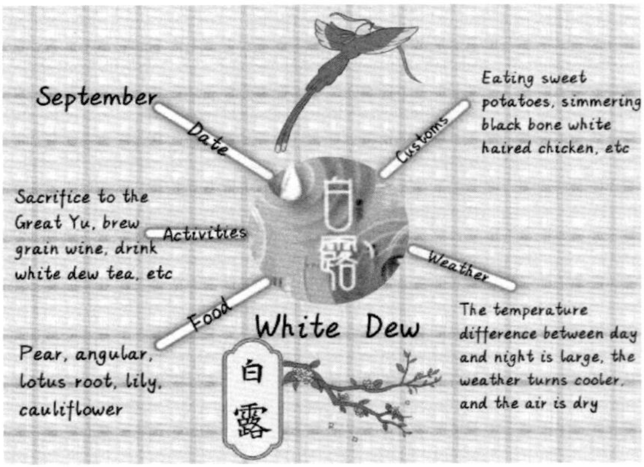

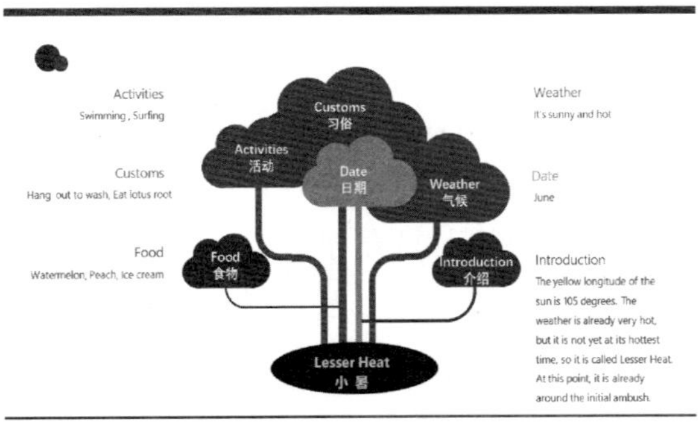

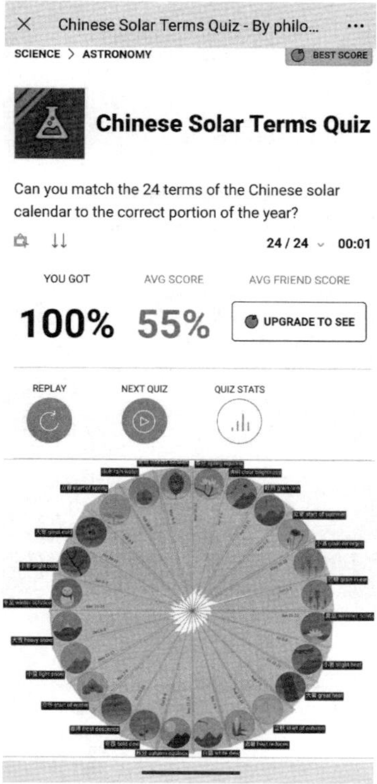

图 8-4　学生作业

（三）小作业，大容量——主题型作业设计案例

案例 8-3 ①

The Lantern Festival

一、设计说明

二年级英语教研组开展了学科综合活动"The Lantern Festival" 正值寒假新春佳节。春节庆祝活动通常从农历正月初一开始，持续到正月十五元宵节结束。在元宵佳节来临之际，我们结合课本上学过的内容，如 the Spring Festival，及相关的动词和名词，以"The Lantern Festival"为主题，布置了一份特色寒假作业。同学们在体验传统民俗的同时，发展和提高了跨文化交际的意识和能力。

（一）围绕主题意义，提升学生学习的能力

第一部分作业单(Let's know about the Lantern Festival. 见图 8-5)中，有 3 个围绕主题，层层推进的活动。在 Activity 1 中，要求学生由在线词典的帮助下，学习有关元宵节的词组。在 Activity 2 中，学生可以运用之前学习的词组，了解民俗，回答问题。在 Activity 3 中，

① 本案例由刘莺、姚轩昂老师提供。

图 8-5　The Lantern Festival 作业单

小朋友们通过元宵节歌曲的演唱，进一步巩固复习了之前所学的知识，并且学着用英语与中外朋友交流元宵习俗。

（二）分层民俗活动，给予学生成功的体验

第二部分作业单(Let's have some fun.)中有 3 项民俗体验活动。

1. Activity 4 Rabbit Lantern

元宵节习俗自古以来就以热烈喜庆的观灯习俗为主。对于英语学习能力较弱的学生，可以选择制作兔子灯笼(Rabbit Lantern)。

2. Activity 5 I'm the Rabbit

今年是兔年(The year of the rabbit)。学生可以结合书本上自我介绍的单词和句型，穿上新年新衣，打扮成可爱的生肖兔来做个自我介绍。

3. Activity 6 Lantern Riddles

猜英语灯谜是难度最高的一个活动。不仅需要读懂谜面，还要开动脑筋。这也是一个可以全家参与的活动。

我们通过争兔子徽章活动，鼓励学生积极参与并完成这个寒假作业。通过这项作业，学生了解了元宵的习俗，并能够用英语表达；体验了元宵的民俗活动，培养了学生的文化意识和英语学习兴趣。

二、学生作业(见图 8-6)

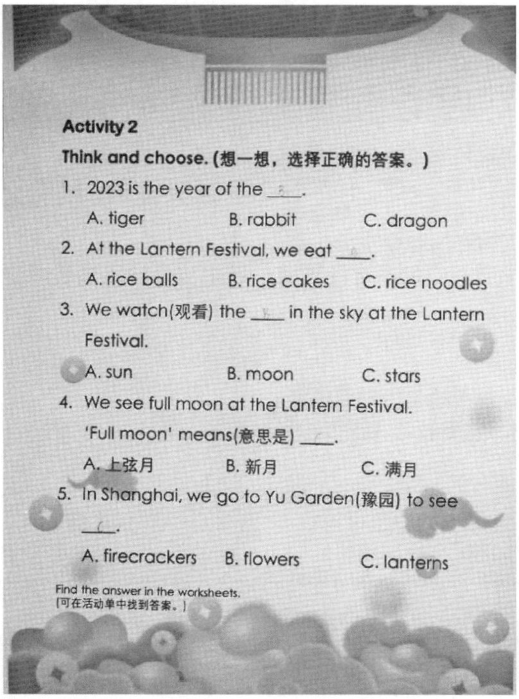

The Lantern Festival
想一想，选一选

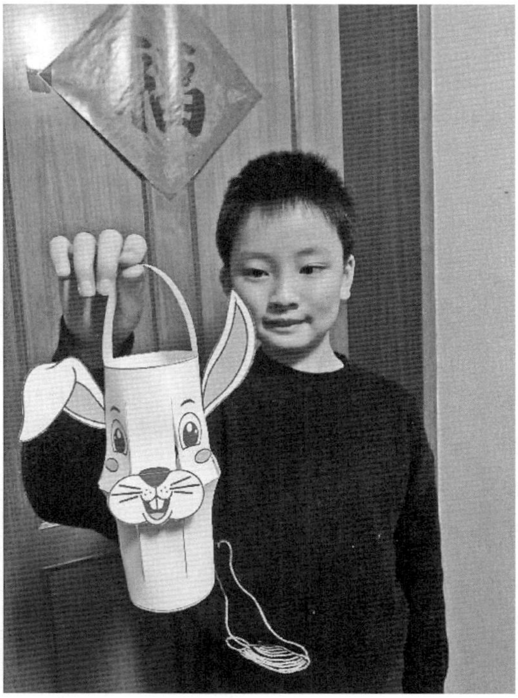

The Lantern Festival
兔子灯

图 8-6　学生作业

三、思创“旅行家”：创造性解决问题的小课题

我们在小学高年级学生中尝试小课题作业，是在育人方式转型背景下，基于学生核心素养提升，以项目化学习的形式展开的全新作业探索。

2022 年 9 月，“灵动小课题设计与实施”项目启动，全体五年级学生组成若干个小课题探究小组，在导师的带领下以真实问题为情境、以项目任务为载体、以实践活动为主线，制订学习计划、提出问题、探究问题，形成小课题报告。在此过程中，教师们整合教学内容和教学资源，调动多元知识，学科和学科之间彼此协作，起到了在带领学生“做事”的过程中，帮助学生形成正确的价值观、必备的品格和关键能力作用。

（一）灵动素养工作坊，教师的课题学习场

《义务教育课程方案(2022 年版)》发布后，我校组织各个学科的教师学习，素养导向、学业质量、跨学科主题学习、学科实践活动、课程内容结构优化等词汇高频出现，学校教师发展基于教师教学能力提升的需求，启动“灵动教师素养工作坊”培训(见表 8-6)。首届“灵动教师素养工作坊”聚焦高年级小课题探究作业，在专家引领、实践感悟、手册编写、项目汇报等环节完成对“小课题”的认知。

表 8-6　灵动教师素养工作坊流程模块

模块	主题	工作坊内容
问题提出	选题	1. 如何从身边环境着手发现问题？ 2. 如何将问题细化创编成为驱动型问题？
问题筛选	检索	1. 如何给学生创设体验式入项活动？
问题确证	调查 分析 实验	1. 如何利用气泡图引导学生整理数据？ 2. 如何利用双气泡图引导学生分析数据？ 3. 如何使用教学支架中的思维导图辅助学生从低阶思维过渡到高阶思维？
成果呈现	研究报告 调查报告 发明创造 ……	1. 如何铺设小课题中的学生学习路径？ 2. 高塔活动体验，感受教师在课堂中所承担的角色
团队展示	答辩 演讲	1. 如何进行高效、深入的小组讨论？ 2. 如何指导学生进行有效评价？

（二）课题实践研究组，学生的问题解决处

小课题团队中的学生，导师每一次和他们的讨论，发现他们在整个小课题的经历中都在快速地成长。从对调查问卷十分陌生的新手变成学会提问、过滤问题的小能手，一次又一次利用“问题过滤器”修改问题的过程，让他们对自己的课题有了更深的思考，对问卷调查的意义也有了更深刻的理解；从叽叽喳喳说个不停的小麻雀变成组织同伴“角色扮演”分别讨论

任务的团队，他们的小组讨论更聚焦、有序和有效；从大段冗长的表达到利用思维导图有逻辑地展示自己的想法；从不专注倾听，不愿意展示自己到利用角色评价多维度地全面评价作品。参与小课题的他们在遇到问题、分析问题、寻求支架、解决问题的过程中，更加自信地探索、表达，展现团队的创造能力。

小课题研究活动为高年级学生构建了开放式的学习环境，培养学生多渠道获取知识的能力，提高学生的综合素养。评委老师充分肯定了学生的成果，鼓励大家在进入中学后继续探索。

（三）学生小课题

关于学校门口交通状况的调查研究

五(8)班　石腾炜小组

一、选题的缘由

基于2022学年下学期对上海市静安区闸北第二中心小学学生上下学期间校门口的拥堵状况，通过开展交通方式的调查问卷分析总结而成。调查问卷采用手机扫描“问卷星”二维码和现场填写纸质问卷的形式，共收到了150份有效调查问卷。详细了解到我校学生上下学乘坐的交通工具、接送人、路上花费的时间等基本情况，希望能针对占比较高的因素提出相应的改进措施，增强学校的交通安全教育工作，强化学生的交通安全意识。

二、研究方法和依据

1. 观察法。采用手机为主要观测设备，观察2023年2月—4月上海市静安区闸北第二中心小学的上学及放学校门口的交通情况，并记录各种天气下的校门口拥堵情况。

2. 文献研究法。在中国知网、万方和维普收录开始至2023年5月为检索时间范围进行检索，掌握调查研究的关键要素。

3. 问卷法。本次调查于2023年2月—4月进行，调查对象为上海市静安区闸北第二中心小学学生及家长。将问卷分为两个部分，第一部分为基本信息，包括年级、受访者身份、出行方式、路上花费时间等；第二部分为期望值，包括最佳出行时间、期望的出行方式、期望学校的支持等。问卷通过手机扫描“问卷星”二维码和现场填写纸质问卷的形式发放，学生及家长匿名、自愿填写，共收到了150份有效的调查问卷。采用Excel软件对收集到的数据进行统计分析，找出根本原因，制订解决措施。

三、研究过程

（一）观察法研究过程

校门口的拥堵情况分为上学和下学两个时间段，上学期间由于家长送完学生后基本立即离开，所以情况还是可控的。但放学时，由于二至五年级的放学时间比较集中，大部分学生都会在16:00—16:40的时间段出来，恰巧隔壁的上海震旦外国语幼儿园也是这一时间段放学，所以40分钟内校门口会聚集两个学校的各年级的家长，遇到恶劣天气，校门口的拥堵情况更加不堪。

当然，我校针对这一拥堵情况已经进行了整治，并采取了一些有力的措施，例如，请彭浦镇派出所交通协管员进行协助，规划了私家车、电瓶车的停放区域，并不定期突击检查，对违规、违停情况进行严肃处理；请家长志愿者参与护校活动，并安排学校教师在校门口进行疏导；开展主题为“安全教育周”的黑板报活动，加强学生对交通安全的重视，时刻提醒学生家长注意行车安全，禁止学生乘坐电瓶车不戴安全头盔，乘坐私家车坐副驾驶等。但由于放学时间集中，大多数接送的家长是老人，以及天气原因等，下午放学时段校门口依然会出现较为严重的交通拥堵现象，学生、家长及各种车辆混杂，不仅影响了道路通行能力，给师生进出校门也带来很大的安全隐患。

（二）研究过程

在中国知网、万方和维普全文数据库以数据库收录开始至2023年5月为检索时间范围进行检索，检索时采用主题词“学生交通”或“学生接送”或“接送方式”搜索相关文献，将得到的文献，如《中小学生接送行为特征及影响研究》《人车分流理论下的大学校园交通优化设计研究：以桂林理工大学屏风校区为例》《基于父母出行方式的学生出行方式选择模型研究》等全部纳入研究，掌握了我们调查研究的重点工作内容是“人、车”，人少了、车少了，自然也就不堵了，因此，小组提出将“减少车和减少人”作为此次课题研究的目标。

（三）问卷法研究过程

结合观察法和文献研究法，小组成员设计了一份“小学生上下学交通工具调查”问卷。在150份问卷调查中，对目前学校门口放学时的拥堵程度，50.67%的人表示勉强接受，16.66%的人表示满意，32.67%的人表示不满意。

在收集到的150份问卷中，学生53%，家长47%几乎各占一半；学生的性别中男生55%，女生45%，男女比例也相当；对于学生的年龄低年级占33%，中年级23%，高年级44%，覆盖各个年龄层面；对于接送方式，49%是家里老人接，43%是父母接，6%是跟随同学一起，2%是请阿姨来接；对于乘坐的交通工具，39.3%是电瓶车，26%是私家车，17.3%步行，10%自行车，7.3%公共交通。

因此，我们将接送方式和乘坐的交通工具作为重点研究对象，为“减少车和减少人”这一研究目标开展全方位探索。

经过调查，家里和学校的距离30%是在1公里以内，56%是1—2公里；在选择私家车的原因中74%是天气原因，在天气适合走路的情况下，我们小组成员做了一项走路时间实验。经统计1公里路程的走路时间是8—10分钟，1—2公里的走路时间是18—21分钟内，这一数值恰巧符合我们调查问卷的期望值，62%的人希望家校间路程时间在10分钟内，36%在10—20分钟，所以鼓励大家步行上下学是可行的。因此减少车的思路是正确的。接下来小组讨论如何减少校门口人的聚集，从调查问卷可以看到，如果有同学或者家长陪同，80.67%的人表示是可以走路上下学的。所以，我们的切入点就是通过“陪同”可以减少校门口人的聚集，进一步分析调查问卷，将同一小区的同学分在一个班，可以实现同学的陪同，而且期望值达到了近55%，安排家长志愿者陪同走路可以解决家长的无人陪伴不放心的问题，而且这一期望值达到了44%，小组成员经过观察，我们学校现在的五(8)班，在Y小区居住的同学16人，在一位家长的带领下同学结伴上下学走路的情况几乎每天上演，集中放学回家的参与率达到62%。这样不仅解决了某些家长临时有事不能按时来接人的问题，而且大大地减少了校门口不必要聚集的家长，从而减少了人的聚集，因此，减少人的目标也达成。

四、研究结果

综上所述，小组成员提出可采用以下措施来缓解校门口的拥堵状况。

第一，通过分班、家校互动来减少人的聚集，提议分班时考虑将同一小区的同学分在同一个班级。按照就近原则，将同一小区的学生分在同一班级，不仅能在学习上互相扶持，而且周末等节假日也方便小区内活动，促进班级团结，更重要的是可以方便学生的接送，结伴而行，减少校门口的家长数量，减少交通工具的数量，进而缓解校门口的拥堵情况。

第二，家、校配合，安排家长志愿者陪伴学生走路上下学。在天气状况好的情况下，安排家长志愿者轮流陪伴孩子走路上学、放学，不仅可以达到增强体育锻炼的目的，绿色出行，有家长的陪伴也减少其他家长的担心，还可以很大程度地缓解校门口的拥堵情况。

有儿科专家指出，步行上下学的好处不仅可以缓解压力，而且可预防心血管疾病。所以，学校应该积极努力地创造走路的条件，一方面有利于保护环境，缓解校门口的道路堵塞问题，使学生通过步行感受沿途风景：发现广告牌更换的诧异、感受四季变更的新奇；另一方面也为家长节省了很多时间，这些节约的宝贵时间可以用来专注事业，也可以规划家庭教育，甚至思考晚饭的菜谱都是非常有意义的。

结　语

灵动，是聪明有活力、创新有个性。上海市静安区闸北第二中心小学经过 20 年探索，从萌芽到发展，再到提炼出灵动教育内涵，并以灵动教育为核心理念，从团队管理、教师发展、课程建设、作业设计等全方面着手，打造了符合自身校园定位的特色校园文化，成为学生核心素养培养和个性化能力发展的强有力依托。

思维是创造的基础，创造是思维的深化。灵动二中心在深刻剖析儿童思维发展特点的前提下，结合本校学生的现实情况，通过情境化、游戏化、创意化的作业设计，将思维导图、流程图等丰富可视化的思维工具融入作业中，并通过问题链作业设计、个性化作业设计，激发学生的学习兴趣，挖掘学生潜力，提升其思维品质与创新能力，培养学生的核心素养、促进其个性化能力的发展。

灵动，是乐于分享、共创共建。学校不仅内部探索灵动教育路径，不断赋予它新的内涵与方法，更是合纵连横，与兄弟学校一起探索灵动教育下的作业设计等课题，让灵动之光点亮教育之路。

灵动，是永不停歇、适势而变。用发展的眼光看世界，引领我们在高质量教育的探索方面更能契合新时代特征，培育出符合未来社会的优秀人才。我们相信，只要我们坚守教育初心，再经历下一个 10 年，灵动教育内涵一定会更加丰富、饱满。

后　记

在教育的长河中，每一次创新和探索都是对学生未来的深度投入。当“灵动教育”与“思创作业”在我们的校园中碰撞出新的火花，我们不禁感叹：教育的力量在于唤醒，而唤醒的源头在于一群深耕作业设计研究20年的教师们。

每个学生都是独一无二的，他们拥有不同的潜能、兴趣与梦想。因此，我们不再局限于传统的教育模式，而是尝试用更加灵动的方式去引导他们，激发他们的灵性，触及他们的灵魂。在灵动教育的指引下，我们注重学生的主体性和主动性，为他们营造了一个充满探索与发现的学习环境。我们鼓励他们用自己的双眼去观察世界，用自己的双手去创造未来，用自己的嘴巴去表达思想。我们坚信，只有让学生真正动起来，他们的生命才会焕发出更加绚丽的光彩。

“思创作业”则是“灵动教育”理念在作业设计上的具体体现。我们摒弃了传统作业中的机械重复与死记硬背，取而代之的是富有创意和挑战性的作业任务。这些作业不仅能够检验学生对知识的掌握程度，更能够激发他们的思维火花，培养他们的创新能力。在“思创作业”的实践中，我们看到了学生的变化。他们变得更加自信、自强，敢于面对挑战，勇于追求梦想。他们的作业不再是简单的应付，而是充满了个性与创意的展示。他们的思维变得更加敏捷、灵活，能够从不同的角度去思考问题，寻找答案。

“思是创的基础，创是思的深化。有学习就一定有作业，什么样的作业可以真正提升学习质量？以作业来撬动学校的发展，这样的研究可以持续再进行20年”。2024年1月9日，在建校20周年纪念活动的现场，华东师范大学教育学部教授、博士生导师胡惠闵对学校提出了殷切的希望。

感谢静安区教育局领导，是他们的领导力为我们的发展提供了广大的平台。感谢静安区教育学院的领导和专家，他们专业的引领为我们指点迷津。感谢上海市静安区闸北第二中心小学的高瑜、张觐文、郑韵怡、李慧敏、裘雯菁、伍伽汶、胡菲尔、姚轩昂、孙沪云、彭雨越、张念、吴伟婷、徐嘉庆、程敩、吴诗雨、徐荣、孙燕、吴茜卉、刘海萍、甘沁、李逸君、秦璟、陆斌、刘莺等老师提供了实践案例。回首研究思创作业的日子，我们深感欣慰与自豪，我们为学生铺设了一条通往未来的道路，这条道路充满了灵动与创新的元素。

虽然本书出版之日，我已因工作调动离开了工作了 8 年的上海市静安区闸北第二中心小学，但我对灵动二中心的未来充满信心。在继续深化“灵动教育”引领下的“思创作业”实践与研究的过程中，一定能为学生的未来注入更多的灵动与创新的力量！

赵蔚秋

2024 年 6 月 3 日